AQUARIUS

AQUARIUS

AQUARIUS

AQUARIUS

Vision

一些人物，
一些視野，
一些觀點，
與一個全新的遠景！

The Relationship Guidebook

親密關係 II

實作篇

活出**情緒成年**，
從破碎到完整的
情感必修課

謹將此書

獻給成千上萬的個案、工作坊主持人與參與者、講座聽眾、生命教練學生，以及我的讀者。我會永遠感激你們的愛心與支持。

【推薦序】

真實而活生生的親密關係

／王浩威（精神科醫師；榮格分析師）

克里斯多福．孟的《親密關係I——別將伴侶當成應該滿足你需求的人》與《親密關係II 實作篇——活出情緒成年，從破碎到完整的情感必修課》，確實是兩本好書，只不過這是給曾經在生命深處經歷過愛情煎熬的靈魂，不是給那些剛剛熱戀的年輕男女就是了。年輕人的戀愛也有著複雜的心靈歷程，而不是單純說說保鮮期的必然性、或是談談依戀關係或恐怖情人現象而已。只是，年輕熱情並不是這本書所關注的。**作者所關注的是：為什麼即便是人格成熟以後的親密關係，還是充滿了驚喜，也充滿了痛苦呢？**

榮格學者，也是神話學大師的喬瑟夫．坎伯（Joseph Campbell），他就曾經表示過：兩個人可以因為靈魂的融合而陷入所謂的熱戀，然而許多人在有限的熱戀以後，也許很快就因為熱情不再而下定決心分手。這愛情也許是讓人歷盡身心扯撕的歷程，但還是分手了。這樣的愛情對坎伯來說，是屬於「青春期的愛情」。他表示，還有另外一種愛情是讓自己留在這個破碎的關係裡，繼續在痛苦中思考或只是感覺著：到底發生了什麼事？不只是在對方的身上，或者是自己看待對方的方式，也包括在自己身上，或者是對方看待自己的方式。如果你留下來待在這一個已經破碎過的關係裡，但繼續活生生地存在著，坎伯表示，這是「煉金術的愛情」。

許多人即使過了一輩子，也都沒有這個問題，至少在我們華人社會的世界裡，這是相當平常的。如果我們從關係的日常現象來看，很多人（我們的父母、甚至我們自己）都有著穩定的婚姻或親密關係。這樣的關係，如果做一生的長期追蹤研究，很多人對這個關係表示滿意而覺得自己的婚姻關係是幸福的，他們在回顧自己的人生時，會表示年輕時候的忍耐是相當重要的。確實，許多實證的研究也顯示，婚姻的雙方只要有任何一方的忍耐，就可以換來晚年的幸福關係。這一點並沒有錯誤，就像我們所說的「少年夫妻老來伴」，雖然中間的這一段就全部用忍耐來度過了。只是，這樣的關係真的是最好的親密嗎？關於這個答案，可以說是，也可以說不是。

榮格很早以前就曾提出，一家人在一起，會像聚集一起的星團一樣，慢慢召喚出類似的人格。傳統的夫妻，如果撐得夠久，即便是年輕以來就一直吵吵鬧鬧的，好像彼此總沒有任何共同的基礎，但在不知不覺中，兩個人最後還是形成了共同的無意識。而這樣的共同無意識雖然是兩個人都沒能意識到的，也就是並沒有意識到這個共同性是存在的，但這樣彼此都沒意識到的伴侶無意識，其實是深遠地影響著兩個人的性格、甚至軀體。隨著婚姻的年齡過去，兩個人會在很多方面愈來愈像，包括我們所謂的「夫妻相」。

這樣的關係，雖然有著經年累月所累積的共同無意識來成為深厚的基礎，但是卻從來沒有被兩個人所意識到。這是十分可惜的。如果我們可以意識到自己的無意識，意識到兩個人的共同無意識，這將會幫助我們在個體化的歷程當中走得更深遠；或者是用傳統的講法，就是將兩個人的共同關係，同時成為兩個人各自的修身養性；因此，這不只是婚姻關係或親密關係，也同時是個人提昇自己生命層次的煉爐。

在榮格《移情心理學》（中文版由心靈工坊出版）這一本書裡，他談的雖然是心理治療或心理分析當中，分析者和被分析者這兩者之間的關係，但其實也可以用來討論夫妻親密關係將會發生的事情。榮格運用了中世紀煉金術圖像《哲學家玫瑰園》，來說明兩個人相當親近且深入互動的關係將會發生的事情。透過這廿一幅畫，我們可以明白，兩個人從相遇交心，經過了至少兩次在關係上的死亡，而每次死亡又經過重新的相遇才得以復活。每一次的相遇和復活，都比前一次來得更為繁華。所以，兩個人關係的死亡不是問題，甚至是一個很好的機會，關係將因為原來的死亡，才能重生進入更高的層次。

而這也是坎伯所謂的「煉金術的愛情」。

克里斯多福．孟在這兩部作品裡，並沒有我這裡的文字所充塞的理論性語言，而全都是活生生的體驗。這兩本書對非專業的讀者來說，其實是很好看的，因為所有的現象對曾經深入愛情的讀者來說都是十分寫實的。曾有一位男性的來訪者，他有一段婚姻外的親密關係，對他來說簡直就是終於遇到了靈魂伴侶，在性愛和感情上，彼此都覺得是前所未有的體驗。只是這個關係是相當毀滅性的。他們相愛相殺，生活上兩個人的事業都因此而擱置了。我的來訪者在會談的中途，向我推薦《親密關係》這本書。他覺得書中所敘述的一切，竟與他和這位愛人的關係如此相似。確實，他所說的並沒有錯。只不過很多事情還有不同的層次。隨著我們分析工作的進行，慢慢地，他才發現自己當年和妻子的關係，更像是這本書所說的。只不過是在婚姻的關係裡，因為大家結婚時是年輕的，兩個人的互動就都停留在彼此認識時的那種稚嫩的心靈狀態，關係於是一直卡在那裡，也就沒辦法做深入的對話了。當他透過這本書，開始和妻子討論自己一直不敢提起的幻滅感，也就是對婚姻已經死亡的長久感受，兩人反而開始有了真正的對話，好像是兩個陌生許久的靈魂重新相遇了。

克里斯多福．孟本身是怎麼樣的背景，嚴格說來我不是很了解的。然而，從這兩本的書寫，我們可以看到海倫．科恩．舒曼（Helen Cohn Schucman）《奇蹟課程》、恰克．史匹桑諾（Chuck Spezzano）的知見心理學（Psychology of Vision）等人對他的影響（或相互影響）；而這些又可追溯至中世紀以降、以榮格為代表的歐洲浪漫主義心理學與心靈學的大傳統裡。而**克里斯多福．孟最擅長的是運用他深入而豐富的經驗，協助人們找到自己的答案。對於自己靈魂層面的親密關係有過反思的讀者，都會被他的純粹性與覺知力觸動，**

並因而感覺有所領悟。這兩本書不是什麼偉大理論的論述，而是獻給所有人或者所有的靈魂，曾經因為愛而折磨的一切生命，用來作為自己曾經複雜而混亂的感受，終於有了清楚的鏡映，有了屬於自己的領悟。

【前言】

在撰寫這本工作手冊時，我試著表達我身為教師的本質。為了做到這一點，有必要將幽默、慈悲、要傳遞的訊息，和對親密關係之路有時是多麼艱難的深刻理解，全部結合起來注入其中。事實上，我認為「人際關係之路」這個字眼有點誤導，我反而會稱這種經驗為「人際關係迷宮」。一條路看起來相當清晰明確，有一種預定方向的感覺，然而我似乎在我的感情生活中，大部分時間，都是處在令人困惑的曲折中跌跌撞撞地度過，這些曲折往往會讓我走到死巷裡，或是讓我一次又一次地回到起點。解決了一個迷宮，在情緒和心理成長上邁出了幾步之後，我終於離開了迷宮，卻被引入到另一個更大的迷宮，雖然在前一個迷宮裡學到的東西，對我有寶貴的幫助，但總是有更新的課題和令人驚訝的挑戰需要面對，這導致了進一步在困惑中跌跌撞撞。

親密的關係（包括親子關係和家庭關係）似乎是特別為了幫助我們在情緒、心智和行為上成長而設計的。肉體的老化並不保證我們會成長，我曾多次發現自己的身體已經四十、五十或六十歲了，但表現得仍像個任性的小孩，充其量也只是青春期的孩子！在年齡增長的過程中，智慧、清晰的思維和情感上的成年並不掛保證，而且似乎每一個人必須面對許多學習經驗才能真正成長，這些經驗都是以引起一點或很多惱怒和焦慮的情況來呈現。

我謙卑地提供這本手冊，希望它能幫助您從新的角度來看待關係中的艱難處境——將它視為突破心靈和感覺的限制的機會，這樣您就可以觸及您美妙的、本質的天性，並表達出您真正是個有天賦的人。

我提供了一些故事作為例子，說明我們都不可避免會面對的關係問題，描述這些問題背後的心理情感動力，然後介紹您可以使用的工具，以有效應對您的情況，讓您和您的伴侶可以擺脫迷宮。您很快就會發現，您並不是在迷宮中找到出路，而是已經超越了迷宮。

當然，你最終會發現自己陷入另一個迷宮，因為另一個意想不到的問題出現了，但很快你就會開始發現，儘管這些問題中有一些會讓你感到不舒服，但在所有這些問題的中心，都有一些對你非常有益的東西。我衷心希望這本工作手冊能為您提供實用的支援，讓您以開放的心和開放的思維來面對關係問題，為您架起通往真正美好的自己的橋梁。

目錄

【推薦序】真實而活生生的親密關係／王浩威（精神科醫師；榮格分析師） 010

【前言】 015

第一階段：月暈現象

理想：親密關係的痛苦之源 026
很少有東西能像理想的幻象一樣，澈底拒絕生命的饋贈。

期望：滋生自我懷疑的完美土壤 033
只有拋開期望，才能獲得自由。

特別：別以愛的名義控制我 041
愛不喜歡選邊站。

抱怨：直面內心的需求不足 047
你愈是抱怨，就愈會感覺微不足道。

目錄

怨恨：拒絕承認自我的存在 054
意識到你已經擁有自己想要的東西，
「滿足」的甜蜜會取代「怨恨」的苦澀。

拒絕：遠離痛苦，卻進一步孤立自己 065
你不該感覺遭到拒絕，除非是你在拒絕對方。

操縱：你的行為動機並非出自愛 072
當我們意識到伴侶不會提供我們需要的東西時，
仍然會覺得他們明明就有那件東西——只需要騙他們交出來就行了！

憤怒：引發對方的罪惡感及其恐懼 080
大多數的憤怒只是為了讓別人產生罪惡感。

父母：親密關係中的隱形負擔 087
我們看不慣父母的做法，卻註定重蹈覆轍。

痛苦：雙方愛意的交會之處 094
人生旅程中，痛苦是無從避免的，受苦則是可以選擇的。

自以為是：堅持對錯只是一種「自我防衛」 100
「自以為是」的需求，支撐著一切人際衝突。

目錄

依附：找回真正的自由 107
所有痛苦都源於依附，所有依附都源於需求。

第二階段：幻滅

尋求幫助：認清問題背後的內心感受 114
迷路的時候，掏出指南針永遠是個好主意。

兩極：你本性的另一面 119
只有一個電極的電池根本無法使用。只從一個角度看待生活的人，無論是從積極角度還是消極角度，都是盲目的。

權力鬥爭（溝通）：開誠布公，卸下心防 127
在權力鬥爭中，每個人都是失敗者。

昔日的依附：與過去平靜地揮手告別 135
如果你沒能心平氣和地放下過去的事，你就根本沒有放下。

習慣與模式：列出創意生活清單 142
習慣會讓你一輩子原地打轉。

目錄

冒險：打破自身限制 146
知曉自己在人生道路上擁有的力量，你就永遠不會陷入恐懼。

評判：所有批判都是自我評判 151
你評判別人的某些特點，就是在強化自己的相應特點。

鏡像：你才是鏡子裡的人 159
鏡子從不說謊，只是它呈現的東西，不一定是我們想看的。

選擇愛：親密關係的轉捩點 165
當你只選擇愛的時候，其他東西都不重要了。

轉型危機：重溫過去錯誤的絕佳機會 169
想要做煎蛋，就得先把蛋敲開。

獨立遊戲：持續否認彼此的需求 176
當你拒絕承認自己的需求時，就是在拒絕自己的人性。

理性謊言：切斷深層連結的防衛機制 182
理性解釋只會把你帶進死巷。

替罪羊：向前一步，向愛靠近 187
別把對伴侶的看法，當作闔上心扉的藉口。

目錄

第三階段：內省

倦怠：釋放你的激情 194
倦怠掩飾了對自身創意的恐懼。

投射：學會接納自己的不同面向 199
你愈是走近伴侶，就愈能看清自己。

道歉：與原諒無關 206
任何人都可以說「對不起」，但只有成年人才能真正道歉。

承諾：給予對方無條件的愛 212
在許下承諾之前，什麼事都不會發生。

往昔的饋贈：每一段關係都給予你饋贈和教導 218
當你回首過去，只想說「謝謝」的時候，你就知道自己自由了。

痛苦時給予愛：消除痛苦最直接的方式 225
只要心臟還在跳動，你就能將愛給予對方。

嫉妒：邀請接納和平靜進入內心 230
嫉妒是一種痛苦，源於對特別感的渴求。

目錄

心意相通：在患難與共中感受愛 235

當兩個人心意相通——無論是同甘苦還是共患難——愛總會在那裡。

下一步：為生活創造新的機會 241

下一步總是朝著同樣的方向——超乎想像的地方。

犧牲：出於愛去行動 246

只有自由而真摯地給予愛，才能自由而真摯地接受愛。

陰影人物：學會去接受、去融合 252

誰知道人的心中暗藏著怎樣的邪惡呢？影子知道。

——華特．吉布森（Walter Gibson，美國作家、職業魔術師）

獨處：花點時間看見自己 257

獨處時能感知自身的靈魂，獨處時能聽見寂靜之聲。

選擇立場：當下的行為動機遵從內心 263

你對生活、世界和別人的看法，取決於你的立場。

臣服：接受問題本來的面貌 271

一切都會過去。——蘇非派（伊斯蘭神祕主義派別）諺語

目錄

第四階段：啟示

第一階段：月暈現象

瞭解「月暈現象」階段，弄清楚促使你邁進一段親密關係的諸多因素。這些因素既可能成為未來衝突的根源，亦可能成為當下覺知和情緒成年的泉源。

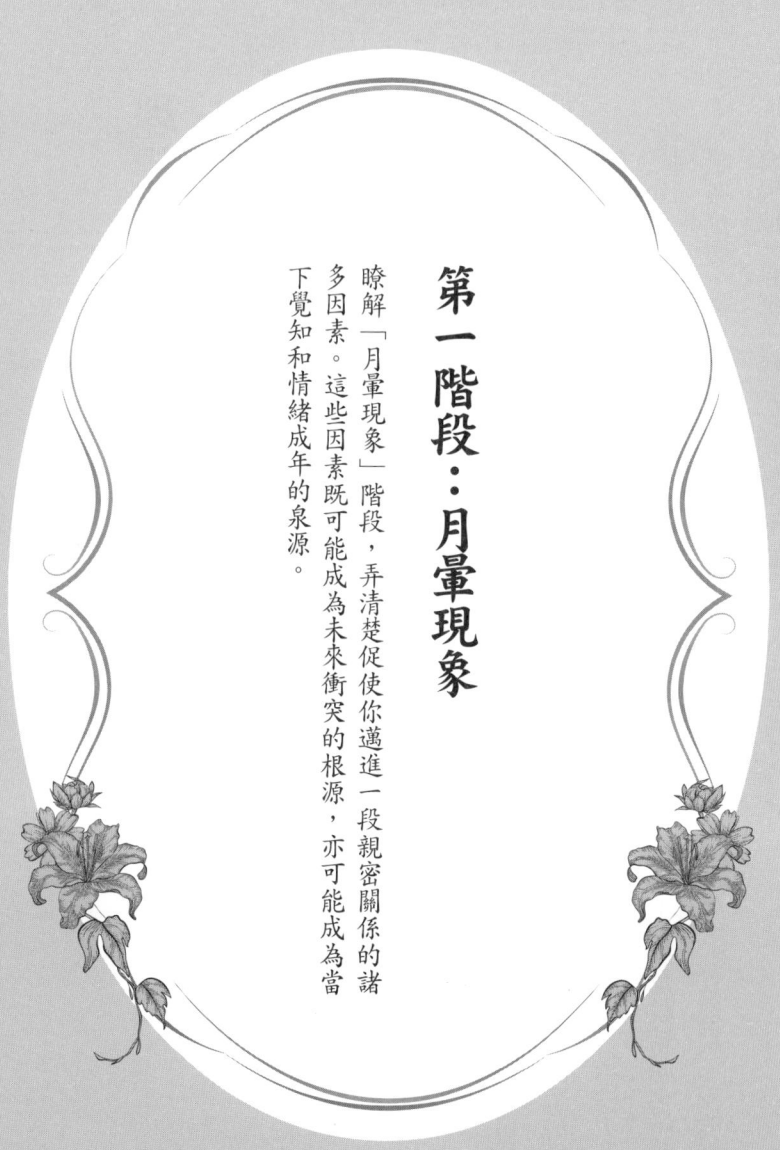

理想：親密關係的痛苦之源

很少有東西能像理想的幻象一樣，澈底拒絕生命的饋贈。

坐在我辦公室裡的那對夫婦在椅子上不安地動了動，顯然是遇到了新來訪者常見的難題：從何說起？誰先說？不出所料，妻子珍妮特先出了聲。正式開口之前，她清了清嗓子。

「就是……呃……我也不知道……」她微微扭過頭，瞄了一眼坐在另一張椅子上的丈夫布拉德，然後轉身對我說：「我覺得跟我當初想像的不一樣……我是說結婚。」她又看了一眼布拉德，像是給丈夫插話的機會，但他似乎還沒做好準備，「我是說，我現在看著他，發現他一點都不像我當初嫁的那個人。」

「一年前，你對我的樣子不滿意，是你說想讓我改一改的啊。」布拉德的語氣有點暴躁，「現在，你又想讓我變回當初的樣子。老天啊，說話別反反覆覆的好嗎？」
「我希望你變回我們剛結婚時那個樣子。我的意思是，我心裡想像的那個人。」
「又不是只有我變了！你也不是我想像的那個人！」布拉德跟妻子針鋒相對，唇槍舌劍持續了十分鐘。然後，我打斷他們，提了一個問題：
「布拉德，你說珍妮特不是你想像的那個人——」
「呃，是她先說的！」他急了，連忙為自己辯護。
「我知道。但你先說說，好嗎？」
「為什麼要我先說？是她想做這個該死的諮詢的！她總是說：『你不是我嫁的那個人，你不是我嫁的那個人！』好吧，她也不是我想要的那個人！」
「那你想要的是什麼呢？」
「我想要她裝出來的那些——」
「裝出來的?!」珍妮特火山大爆發了。
「等等，等等，」我輕聲打斷他們，抬起雙臂，手掌朝外，一手對著一人，「布拉德，我先問問你，你希望珍妮特是什麼樣的妻子？」
「就像我們剛開始約會時那樣——那個時候，我還以為她是我的夢中情人呢。」
「你的『夢中情人』？這話是什麼意思？」
「只是打個比方啦。」布拉德回答說，身體陷進扶手椅裡，雙臂抱胸。然後，他稍稍扭動了一下，嘴裡嘟囔著：「唉，這椅子真不舒服！」

「好吧，就當我什麼都不懂。如果珍妮特是你的夢中情人，她應該是什麼樣的妻子？」

「反正跟坐在那張椅子上的人不一樣！」他嘴裡嘟囔著，扭過頭去，看都沒看妻子一眼。我舉起手制止了珍妮特，希望她暫時不要插嘴。

「好吧，能再說得具體一點嗎？你理想中的女人應該是什麼樣的？」

「嗯，你懂的！就像每個男人都想要的那樣。」

「呃，抱歉，我可不是永遠十八、胸大無腦、只想著性事的啦啦隊隊長！」珍妮特火了。

「三點只滿足一點，我也能接受——只要她還會做飯！」

「好吧，好吧，」我趕緊說，「布拉德，就假裝我不知道你的夢中情人是什麼樣的吧。」我鼓勵他繼續說下去，足足花了十分鐘給他打氣，還要給小倆口勸架。最後，他終於開了口：

「我只想要個善良、愛我的女人。她會覺得我是個好男人，你懂吧？一個會支持我走向成功的女人。她不在意我的缺點，不會品頭論足，只會真誠待人、樂於助人。她知道什麼時候該讓我一個人待著，什麼時候該陪在我身邊。她要是個安安靜靜的女人，但聰明又風趣，還是個性感的情人，在床上不用費太大力氣就能調動起興致來……」

布拉德說話的時候，我眼角的餘光正好能看見珍妮特。她的肢體語言變得愈來愈僵硬，雙臂抱胸，雙腿交叉，臉漲得通紅。謝天謝地，她沒有插嘴，給丈夫留出了他需要的空間。不過，布拉德話音剛落，她就說起了自己的夢中情人：

「我想要個強壯的男人——身體當然得強壯，但情感上也得強大。他要能理解我的感受，是個有同情心的傾聽者，能全心全意聽我說話。我想要個職場上的成功人士，但在家裡也能修東西。而且他不會把所有時間都花在工作上、泡在車庫裡，或者待在電腦前面。他得是個好父親，會陪孩子們玩。還要是個火辣的情人，知道在床上該怎麼慢慢調動我的興致。」

「哦，對了，」布拉德突然冒出一句，「對我們的孩子來說，我想要的女人必須是個有耐心又有愛的母親，但不會累到晚上沒力氣親熱。而且，在我想要的時候總是有興致，不需要每次辦正事前，都得先忙個半小時。」

「我的夢中情人總是想要我，而不僅僅是我的身體。他永遠覺得我最美。」

他們像這樣互相抱怨了好幾分鐘，最後各自倒回椅子上，臉上都寫滿了悲傷。

「你們把各自的理想伴侶描述得很詳細了，」我說，「我相信，如果有足夠的時間，你們能再想出二、三十點來。」我靠回椅背上，先觀察了他們一會，然後發表了自己的看法，「但你們沒有跟自己的理想伴侶結婚——你們跟對方結了婚。」

主題1：理想

儘管理想讓人激動，能激勵你實現偉大的目標，但它也有可能成為你生活的痛苦之源，尤其是在你最重要的親密關係之中。這個主題指出，如果拿實際伴侶跟幻想中的理想對象做比較，你可能會感覺不滿。當理想的幻象變得比接受並欣賞實際擁有的東西更重要時，內心深處總是不滿足的「批評家」就會蹦出來。你的內心會備受折磨，無法接受現實。**當你只關注理想狀態，想像親密關係或伴侶應該是什麼樣子的時候，內心的「批評家」就會讓你變得盲目，看不見當下給予你的饋贈和教導。**想要弄清楚理想的幻象是否影響了你和伴侶的關係，請思考以下問題：

1 你是不是喜歡批評自己的伴侶，希望對方符合你理想中的伴侶形象？

2 你是不是變得麻木，或者疏遠了伴侶，只因為對方一直無法滿足你的想像？

3 從某種程度上來說，你是否還在尋找更優秀的人？

4 反思一下自己對理想伴侶的想像，它對你現有關係的影響是好是壞？

5 最後，從伴侶身上找出你無法接受的一點，拿它跟你的理想伴侶做比較。然後問問自己：「我更看重哪一個？是我的理想伴侶，還是我的實際伴侶？」

實用指南

以下練習能幫助你看穿親密關係中不切實際的理想幻象。完全靠直覺寫下答案，思考下面列出的幾個方面，比較你對理想伴侶（100％）和現有伴侶的評價。

在以下幾個方面，我的評價是：

風趣與活潑：　理想伴侶100%　現有伴侶____%

熱情與激情：　理想伴侶100%　現有伴侶____%

性愛滿意度：　理想伴侶100%　現有伴侶____%

浪漫程度：　理想伴侶100%　現有伴侶____%

力量與魅力：　理想伴侶100%　現有伴侶____%

性感程度：　理想伴侶100%　現有伴侶____%

外表吸引力：　理想伴侶100%　現有伴侶____%

對我的需求的敏感程度：　理想伴侶100%　現有伴侶____%

體貼程度：　理想伴侶100%　現有伴侶____%

尊重並欣賞我：　理想伴侶100%　現有伴侶____%

溝通（理解與分享）：　理想伴侶100%　現有伴侶____%

無論你踏進了什麼樣的親密關係，理想永遠都比實際美好——直到你對愛和「情緒成年」的重視超過了你對理想的重視。**只有超越幻想，才能接受現實。接受現實能讓你找到內心的平靜，打開通往愛的大門。**在那之後，伴侶就會成為幫助你成長的人。理想不過是目標，其實只有對當下事物的反應，才會讓你開心或不開心。你面前有兩條路：不是追求理想，就是接受現實。

你不用為了超越幻想而苦苦掙扎。事實上，你根本不用關注自己的幻想，只需要意識到理想導致了你忽略伴侶，重新關注對方身上的優點就行了。只要你這麼做，就會對當下擁有的東西感到滿足，朝著情緒成年大步邁進。

期望：滋生自我懷疑的完美土壤

只有拋開期望，才能獲得自由。

「但你們沒有跟自己的理想伴侶結婚——你們跟對方結了婚。」

「這話是什麼意思？」珍妮特問我。

「這話的意思是，我們付了那麼多諮詢費，他說的都是些顯而易見的東西。」布拉德對她說。

「你們有沒有想過，為什麼你們會有『理想伴侶』的幻想？為什麼會因為伴侶不符合理想而失望？所謂的理想伴侶到底有什麼意義？」

「我沒聽懂。」珍妮特皺起了眉頭。

「對，這話也是我們付錢讓他說的。」布拉德嘀咕著。

「這個『理想伴侶』應該能給你些什麼？應該能讓你有什麼感覺？」我先看了珍妮特一眼，然後看了布拉德一眼，最後拋出了問題。

「感覺良好。」布拉德說。

「開心。」珍妮特說，「他應該讓我開心——覺得自己有人愛。」

「對，」布拉德表示同意，「感覺良好，而且開心——感覺有人愛。」

「理想伴侶怎樣才能讓你感覺良好、開心、有人愛？」

「應該從很多小事裡表現出來！」珍妮特激動起來。她顯然對這個問題很感興趣，說話時身體前傾，「比如，在我生日那天做點特別的事，還有——」

「我每年都會規劃你的生日！」布拉德忍不住插嘴。

「我生日是哪一天？」珍妮特故意問。

「五月——五月初。五月十二日，對吧？」

「五月二十一日。」珍妮特洩了氣。

「我知道的！只是把位置記反了嘛。」布拉德解釋，不好意思地咧嘴一笑。

「每年我都要提醒他才行。」珍妮特告訴我。

「我這人不大關注細節啦。」布拉德聳了聳肩。

「但我們每次去餐廳吃飯，他都能完全靠心算，算出百分之十五的小費該給多少，精準到小數點後兩位！」

「所以說，」我刻意加重語氣，試圖讓他們回到正題，「為了讓你感覺良好、開心、有人愛，你的理想伴侶應該做很多小事。能再舉一些例子嗎？」

「可以呀，沒問題。比如……記得慶祝我的生日，我對他說話時別盯著電腦，認真聽我說話——我的意思是，不是左耳進右耳出那種。每天留出時間陪我散步，關心我這一天過得怎麼樣……跟我分享他的感受……呃……欣賞我……哦，還有幫我做晚飯。要是我們能一起做飯，我會更開心。讓我想想，還有什麼……」

「各位坐穩了！」布拉德語帶譏諷，「我們的諮詢時間還多得很呢！」

「哎喲，你倒是聰明呀，那你怎麼不說說看？」

「說就說！我的理想伴侶會給我留出私人空間。我下班回到家的時候，她總是開朗、活潑。她會欣賞我的優點。當我在電腦前忙時，她會安靜不打擾我。」

「我有個好主意，」我提議，「你們可以輪流說出一個對對方的期望。」

「我還以為我們在說理想伴侶呢。」布拉德說。

「事實上，你們在說的是對伴侶的期望。你們都把期望和要求硬塞給對方，試圖把對方變成自己的理想伴侶。繼續說吧，還有十五分鐘呢。剛才說過的也可以再說一次，但這次，請把它們看成是對對方的期望。比如，布拉德，你可以說『珍妮特，我希望你能多欣賞我』，或者類似的話。」

「我懂了。好的，珍妮特，我希望你能多欣賞我——少批評我。」

「布拉德，我對你說話的時候，希望你能跟我多交流。」
「我下班回家的時候，希望你能給我留出更多的空間。」
「我希望你關心我這一天過得怎麼樣。」
「珍妮特，我希望你在朋友面前多說我的好話。」
「布拉德，我希望你記住我的生日──還有我們的結婚紀念日。」
「我希望你在我忘事的時候寬容一點。」
「我希望你能多體諒我的感受。」
「我也希望你能這樣，珍妮特。」
「布拉德，我希望你心情不好的時候，能跟我分享你的感受。」
「我希望我心情不好的時候，你能讓我一個人待著，除非你提議跟我親熱一下。」
「我希望你能尊重我的感情和我的身體。」
「好了，」我告訴他們，「我看得出，你們可以一直說下去，但這次諮詢的時間不多了。從剛才說的這些，你們能看得出，你們對彼此有很多期望嗎？」他們都點了點頭，
「你們知道這些期望的目的是什麼嗎？」
「對伴侶有所期望，不是很正常嗎？」珍妮特問。
「嗯，人都會這麼做，」我回答，「不過，布拉德忘記你們結婚紀念日的時候，你有沒有注意自己當時有什麼感覺？」
「我很生氣。」

「好的，還有什麼？」

「我也不知道。說實話，我只顧著生氣了。」

「你沒對他失望嗎？」

「哦，對，我當然對他很失望。」珍妮特承認。

「你注意到你對自己有什麼感覺了嗎？」我給她時間思考這個問題，但先說出答案的是布拉德。

「每次她批評我忘記某件事的時候，我都覺得自己好失敗，簡直是個廢物。」

「哦，布拉德，」珍妮特假裝安慰他說，「你又不『肥（廢）』。」

「該死的——這算是表揚嗎？」他氣惱地大吼。

「**我們的期望源於對受重視和歸屬感的需求——有人稱之為『特別感』**。」我說。

珍妮特問道：「但我希望他能滿足我的期望。如果我們不能滿足對方，那為什麼還要在一起，不如乾脆離婚算了？」

「小孩子總是覺得自己想要什麼、需要什麼，就應該得到什麼。說什麼也要讓自己的期望得到滿足，這其實是小孩子的心態。但婚姻是成年人的事，至少是為了幫助我們成長。」

「如果說我還沒準備好呢？我希望有人愛，希望布拉德像那樣愛我，這是我堅持下去的動力。」

「好吧，但當你的期望沒有得到滿足，你覺得自己不受重視、遭到拒絕、一點也不特別的時候，可別覺得驚訝。」

主題2：期望

期望是對伴侶施加的一種情感壓力，希望伴侶滿足你的內在需求。通常來說，這種需求與你對受重視、被接納的渴望息息相關。受重視、被接納就意味著有人愛。「期望」這種行為有幾個特點。

第一個特點是，無論什麼時候，只要你對伴侶寄予期望，就是在大聲宣告「你這個人是不完整的」，只有某些身外之物能讓你圓滿。這是滋生自我懷疑的完美土壤。你對伴侶抱的期望愈大，內心的疑慮就愈多，就愈會覺得自己不完整。

第二個特點是，如果你有所期待，最後一定會失望，因為沒人能給出你需要的東西、達到你期望的程度。期望愈大，失望愈大。

第三個特點是，期望被錯誤地與「愛」畫上了等號。一個人在說出自己的期望之前，通常附加了一個不言而喻的條件，那就是：「如果你真的愛我，你就會……」事實上，期望只與對受重視、歸屬感、安全感、力量感的需求有關，與真正的愛毫無關係。

最後一個特點是，當你讓伴侶肩負起讓你開心的責任時，就放棄了自己內心最強大的力量——真正的圓滿和無條件的幸福。

這個主題要告訴你的是，請在生活中**放下對伴侶和其他人的期望，不要期待他們向你提供你已經擁有的東西。**

實用指南

首先，審視你對伴侶的失望。雖然你可能沒有意識到這種感覺，但還是請審視一下你們的關係。如果你和伴侶之間出現了隔閡，請看看是否存在悲傷、怨恨、苦惱等潛在的感受。它們是「失望」的常見組成部分。以下練習會對你有所幫助。

親密關係的重要方面：從下面選擇一個短語，將句子1補充完整。

風趣與活潑
性愛滿意度
力量與魅力
外表吸引力
養育（教導）孩子
經濟實力
溝通能力
熱情與激情
浪漫程度
性感程度
對我的需求的敏感程度
與公婆（岳父母）的關係融洽程度
體貼程度

1 我在＿＿＿＿方面對伴侶感到失望。

接下來，根據你選擇的那個方面，將句子2到句子4補充完整。

2 我期待伴侶做＿＿＿＿。

3 如果他滿足了我的期望，我相信自己會感到＿＿＿＿。

4 只要他沒有滿足我的期望，我就會一直感到＿＿＿＿。

將上述每個短語都填進句子1，並將句子2到句子4補充完整，看看哪個選項更適合你：

選項A：繼續把期望強加給伴侶，在期望沒得到滿足時深感失望，仍然覺得自己的內心不完整。

選項B：幫伴侶卸下你期望的重擔。這將開啟一扇大門，讓你發現真正的自我，並意識到：

- **任何身外之物都不可能讓你開心。**
- **你覺得自己需要的東西，其實一直藏在你的內心深處。**

沒有什麼特殊技巧能讓你拋開期望。你只需要意識到，期望只會導致不滿乃至痛苦。這有助於讓它鬆開對你的束縛，也有助於你更平靜地接受現實，而不是追求「本該有的東西」。

特別：別以愛的名義控制我

愛不喜歡選邊站。

「好吧，但當你的期望沒有得到滿足，你覺得自己不受重視、遭到拒絕、一點也不特別的時候，可別覺得驚訝。」

「呃，有誰不想覺得自己很特別呀？」

「大家都想吧。」我承認。

「如果你對某人來說不特別，他對你來說也不特別，那兩個人幹麼還要在一起？」

「不好意思，但這次我們只能聊到這裡了。已經超時五分鐘了。」

「噢，不！整整五分鐘啊？你肯定累慘了吧！」布拉德語帶嘲諷，一臉譏笑。

「你們應該覺得很特別才對！」我開玩笑說，「我從來不跟來訪者超時的。」

讓我驚訝的是，提出下週再見面的竟然是布拉德。他這個做法似乎讓珍妮特很開心。八天後，他們準時出現，看起來熱情滿滿，躍躍欲試。珍妮特撿起了我們上週沒說完的話題。

「我們回去聊了你說的——期望只跟受重視、特別感有關什麼的。如果不是因為感覺很特別，我們想不出為什麼兩個人要在一起。」

「這對你們有幫助嗎？」我問。

「我得承認，不是很有幫助。不過，我們覺得既然明白這一點，我們就可以努力讓對方感到特別。」

「你懂的，」布拉德解釋說，「讓對方感覺被渴望、被欣賞、被珍惜、有人愛……就是那些鬼玩意啦。」

「布拉德！」珍妮特一拳捶在丈夫肩頭。布拉德連忙高舉雙手，佯裝投降。

「開個玩笑嘛！」他呵呵直笑。

「你的意思是，你們會努力滿足對方的每個期望？」我疑惑地問，「你們有沒有想過，對特別感的需求是無法滿足的？就算能用某種方式滿足對方的需求，達到對方期望的程度，你們還是不會知足。如果你們中的一個人給了其他人特別的關注，就會引起另一個人吃醋、嫉妒、傷心，或者是感覺背叛……你們需要忍受的種種折磨，就跟對特別感的需求一樣，沒有盡頭。」

「我敢打賭，你是那種帶大頭針參加孩子生日派對的人——你會把氣球全戳爆，害得他們哇哇大哭。」布拉德的話裡帶著濃濃的嘲諷，卻沒能掩飾他肢體語言表達出的沮喪。

「呃，這麼想又有什麼意義呢？」珍妮特語帶挑釁，「我這輩子做的每件事，似乎都是為了證明我的價值。為什麼婚姻就不行？為什麼我和布拉德就不能幫對方證明我們對世界、父母、社會或者其他東西有價值？」

「你們當然可以試著這麼做。」我承認，「世界上有幾十億人想的跟你一模一樣——證明自己，證明自己有價值，是大家活下去的動力。但我每年都會看到好幾百個來訪者——還有好幾千個參加工作坊的學員——痛苦不堪，就因為他們受重視的需求沒得到滿足……或者是他們某個方面的需求得到了滿足，但還不夠。永遠都不夠！」

「那我跟這個男人在一起，還能期望什麼呢？」她對丈夫抬了抬下巴，「一輩子都失望，就因為他不聽我說話，不懂得欣賞我，或者……根本就不想要我？」

「你期望被人特別對待。讓你感到失望的，始終是期望本身，而不是布拉德。」

「嘿，我喜歡這個人！」布拉德大聲宣布。

我微微一笑，接著往下說：「正是**受重視和歸屬感這種人的需求，讓你有所期望。**」

「但我們本來就是人啊！」

「在人的形態出現之前，是否還有別的東西？」

「什麼？你是說外星人占據我的身體？」不出所料，布拉德大聲問道。

「你是說靈魂，或者是靈性？」珍妮特猜測。

「也許你們之間的關係能幫你們找到答案。也許親密關係還有另一個目的，跟追求特別感導致的痛苦沒有關係，只是幫你們想起，在覺得自己『不過是人』之前，你們的本質是什麼。所以，你們有兩個選擇：**一是找出親密關係的真正目的，二是對特別感的無盡追求。**」

主題3：特別

這個主題會讓你花一點時間，審視親密關係的目標。**絕大多數親密關係，都始於對特別感的需求。**剛開始一段關係的時候，你會希望自己對伴侶來說很特別，希望對方喜歡跟你在一起，勝過喜歡跟其他任何人在一起。你必須是對方心目中的第一位！

對特別感的需求，會促使你試圖操縱或控制伴侶，確保你始終是對方的首要考慮，確保對方的一舉一動，不會削弱你是「特殊人物」的地位。你會為伴侶設下規則：他在私下或公開場合應該怎麼說話、怎麼做事，免得讓你覺得尷尬、不安全或微不足道，你永遠都要是最受尊重的那一位。畢竟，作為「特殊人物」，你必須站在金字塔的頂端……而頂端只夠一人駐足。

因此，追求特別感，最終會導致你和伴侶陷入「如履薄冰」的危險狀態。這樣的親密關係，充滿種種限制，伴侶隨時可能辜負你的期望。這個主題是為了告訴你，**對特別感的追求最終只會帶來悲傷、嫉妒、焦慮和失望。**是時候以愛的名義，放棄追求特別感了！

實用指南

追求特別感可以透過消極的方式，也可以透過積極的方式。有人會用疾病來吸引別人的關注，有人則發現，家財萬貫或事業成功，會讓人刮目相看。現在，你需要想一想，你一直以來是靠什麼讓自己感覺或顯得特別。請完全靠直覺，將以下句子補充完整。

- 我比其他人特別，是因為我能＿＿＿＿＿＿＿＿。
- 我比其他人特別，是因為我是＿＿＿＿＿＿＿＿。
- 我比其他人特別，是因為我有＿＿＿＿＿＿＿＿。
- 我比其他人特別，是因為我經歷過＿＿＿＿＿＿＿＿。
- 我比伴侶特別，是因為我＿＿＿＿＿＿＿＿。

就這麼一句一句往下寫，直到涵蓋了你所有的特質、財富、體驗、天賦、能力、外貌，也就是讓你脫穎而出、比你認識的人（包括伴侶在內）都特別的東西。在讀下一段之前，請多花一點時間做這個練習。

一般來說，**人們做完這個練習後，會有兩種不同的反應：不是倍感驕傲，就是深感孤**

獨。如果你做完練習後倍感驕傲，你可能很快就會意識到自己的問題出在哪裡：為了保持這種高高在上的感覺，你必須不斷地尋找某些東西（特別是從伴侶那裡尋找），不斷確認自己是特別的。

如果你深感孤獨，可能是因為你發現：**(1)管你有多特別，總有其他人比你更特別；(2)站在金字塔頂端讓你孑然一身，遠離摯愛。**因此，**對特別感的追求，會帶來不安全感。**

只要意識到對特別感的需求會讓人愈來愈孤獨，你眼前的迷霧就會被驅散。你會更有意識地與伴侶互動。你愈能意識到自己的潛在動機，對特別感的需求就愈少。反之，你會更渴望從自己的獨特本質出發採取行動。同時，你也會大力支持自己的伴侶，讓他充分展現自己的本質（包括天賦、創意、智慧等）。你對伴侶本性的讚賞和鼓勵，會進一步發揮作用，讓你意識到有些東西比對特別感的需求更能讓人滿足——那就是你的獨特性。

抱怨：直面內心的需求不足

你愈是抱怨，就愈會感覺微不足道。

「也許親密關係還有另一個目的，跟追求特別感導致的痛苦沒有關係，只是幫你們想起在覺得自己『不過是人』之前，你們的本質是什麼。所以說，你們有兩個選擇：一是找出親密關係的真正目的，二是對特別感的無盡追求。」

「弄清婚姻的真正目的，能讓我們的關係變好嗎？」珍妮特問。

「照我看，反正也不會變得更糟了。」布拉德說，「我只是不知道我是否願意費那個力氣。我只想要個愛我的妻子、有個幸福的家庭，繼續過我的小日子。我覺得追求特別感，或者找出婚姻的目的，聽起來都好麻煩。這兩條路，似乎都不值得我耗費力氣。」

「哦！」珍妮特語帶挑釁，「所以說，我和孩子們都不值得你耗費力氣嘍！」

「每次都這樣。」布拉德直晃腦袋，「每次我對我們的關係發表意見，你就會把錯統統推給我。」

「哼，你的『意見』聽起來就像抱怨——就像你不開心全是我害的。」

「抱怨？你還敢說抱怨？那我們就來說說抱怨好了！」布拉德的嗓音突然變尖，皺起鼻子，開始模仿珍妮特和她說話的口氣，「我們再也不出去玩了……你總是對著電腦……你從來不幫我哄孩子睡覺……你從來不聽我說話……你總是記不得我的生日……」他模仿珍妮特的聲音愈來愈低，最後變回了自己的聲音，「這些鬼話我都來來回回聽了好多年了！」

「你抱怨的也不比我少！」

「我？我抱怨什麼了？」布拉德看起來大吃一驚。

「也許不是用嘴說的。很多時候，你只是離我遠遠的。你會坐在沙發上，或者躺在床上，噘著嘴——就像個渾身上下都寫滿抱怨的廢物！」

「你不是說我不『肥（廢）』嗎？」

想讓這小倆口始終關注同一個話題，就像試圖把十噸重的卡車開過結冰的高速公路。

「他這麼做的時候，你覺得他在抱怨什麼？」我問。

珍妮特開始模仿布拉德的口氣：

「你把我當小屁孩……你不信任我……你覺得我什麼也做不了……你再也不想跟我親熱了……你不理解我的真實感受……你不信任我開車……你不明白我工作多努力……你從來

不支持我的工作……」珍妮特停了下來，哈哈大笑，「男人真搞笑！他們還以為自己有多能裝呢，其實一眼就能被看穿。」

「我運氣還真不錯啊，」布拉德嘀咕著，「娶的老婆竟然會讀心術！」

「在婚姻中是無法隱藏肢體語言的，」我說，把他們拉回原來的話題，**「一旦期望沒有得到滿足，失望就會出現，抱怨就會增加。這都是因為你們需要歸屬感，需要覺得自己很重要，而且認為伴侶能為你們提供這些東西。」**

「也許這就是為什麼我一心撲在工作上，」布拉德猜測，「至少我覺得自己在那裡能派上用場，能做出真正的貢獻，別人會欣賞我。我感覺得到了認可，覺得自己很重要！但是回家以後，只要瞄一眼珍妮特的臉，就會看到上面寫滿失望。我的感覺跟上班的時候恰恰相反。」

「哦，所以說，你總是喜怒無常，剛進家門五分鐘就對孩子發脾氣，這都是我的錯嘍？」

「那我該有什麼感覺？你根本不樂意見到我，從來不問我今天過得怎麼樣，只會把圍裙扔過來，喊我去把菜切了。」

「你從來都不會去切——從來都不想幫我。」

「我累了！我工作了一整天！」

「我就不是啊？」珍妮特反駁道。

「嗯，但你只是做兼職——而且，你是在家裡工作。」

「對啊，我有兩份工作！你覺得是誰在照顧孩子，布拉德？你從來都意識不到這個。你從來都不會感謝我。」說到最後幾個字的時候，珍妮特的聲音哽咽了，淚水在眼眶裡打轉。

「你也從來都不會感謝我，所以我們扯平了！」布拉德往後一靠，雙臂交叉，緊緊地抱在胸前。

我等了大約三十秒，然後向前探出身體，說：「我想你們都意識到了，在過去幾分鐘裡，你們一直在抱怨對方。你們注意到心臟附近的感覺了嗎？或者往下一點點，在胃後面的太陽神經叢那裡？」

「但我抱怨是有道理的！」珍妮特一口咬定，「他不知道我有多——」

「我懂，」我打斷了她，「但讓我們關注一下抱怨背後的感覺吧。」

「我沒什麼感覺，只是有點生氣。」布拉德說。

我沒有向布拉德解釋憤怒是一種繼發性情緒，只是為了推開更深層、更難受的感受，而是鼓勵他深入發掘：「把手放在心口，放上一會。你有沒有感覺到什麼？」

「可能是傷心吧……或者受傷。不，是別的，在這裡。」他主動把手往下移，放在肚皮上，「我只是感覺很糟糕，還有……還有……」

「微不足道。」手擱在太陽神經叢上的珍妮特接過這個話題，「我感覺自己微不足道。」

「非常非常微不足道。」布拉德表示同意。我給他們提了一些建議，告訴他們在感覺微不足道的時候該怎麼辦。過了一會，他們做完練習，變得平靜多了，甚至轉頭向對方不好意思地微笑。

「抱怨有可能把你引向兩個方向，」我解釋說，「如果你沉迷其中，它就會強化你內心深處的微不足道感。如果你能意識到自己喜歡抱怨，在沉迷之前或在抱怨的時候及時發現，就能馬上打住，直面自己潛在的感受。**抱怨伴侶的種種做法，其實並不是你不開心的根源。覺得自己一無是處，相信自己微不足道，這才是你不開心的根源。**」

主題4：抱怨

如果你和伴侶總是相互抱怨，你在這段關係中就會有一定程度的不適感。**抱怨就是表達對某人、某事沒能滿足你需求的不滿。**抱怨也可以被視為一種表白，宣布伴侶讓你感到不舒服，而不是讓你覺得開心。你也許覺得讓你開心是對方的首要職責。即使你沒有說出口，或者試圖掩飾，抱怨仍會是一股惡毒的力量，會強化你的軟弱、依賴性，甚至是受害者心態。與此同時，抱怨會阻止你的優點「浮出水面」。因此，你抱怨的對象並不會因此而改變。相反，你愈是抱怨，情況就愈難有所改觀。

實用指南

首先，如果你抱怨過某種情形，你抱怨的是什麼？請將下列句子補充完整，這可能會對你有所幫助：

- 我的伴侶沒有給我＿＿＿＿。
- 我的伴侶對我＿＿＿＿。
- 我不喜歡伴侶總是＿＿＿＿。
- 我能看得出，伴侶在＿＿＿＿的時候，不關注我的感受。

既然抱怨總是跟沒有得到滿足的需求息息相關，那麼關注「是什麼需求沒有得到滿足」就行了。這讓事情變得簡單多了，因為感覺有人愛、受重視、被接納是人類的基本需求，你的抱怨一定跟「伴侶似乎沒有給我什麼」有關。從這個角度思考問題，再做一遍前面的練習，這一次重點關注沒有得到滿足的需求：

A 我的伴侶沒有給我＿＿＿＿。

B 我的伴侶沒有讓我感覺到（在符合的選項後面打勾）有人愛＿＿ 受重視＿＿ 歸屬感＿＿。

A 我的伴侶對我＿＿＿＿。

B 我的伴侶沒有讓我感覺到（在符合的選項後面打勾）有人愛＿＿ 受重視＿＿ 歸屬感＿＿。

A 我不喜歡伴侶總是＿＿＿＿＿＿。

B 我的伴侶沒有讓我感覺到（在符合的選項後面打勾）有人愛＿＿＿受重視＿＿＿歸屬感＿＿＿。

A 我能看得出，伴侶在＿＿＿＿＿＿的時候不關注我的感受。

B 我的伴侶沒有讓我感覺到（在符合的選項後面打勾）有人愛＿＿＿受重視＿＿＿歸屬感＿＿＿。

當你關注這些需求的時候，請同時關注自己內心的抱怨。請注意，在抱怨的時候，你覺得自己有多麼微不足道，這會引發易怒、怨恨、沮喪或悲傷。最重要的是，請注意它對你的身體有什麼影響，它讓你感覺多麼虛弱、多麼無力。**抱怨就像漩渦，會把你吸進去，讓你遠離被人愛、受重視和歸屬感，而這些才是你真正想要的東西。**想要逃離漩渦，就需要動用意志。你不需要壓抑或否認抱怨，只需要勇敢地承認自己的需求，拒絕被漩渦吸進去。請注意，只要是人都會有需求，但你的真實本性勝過任何需求。

怨恨：拒絕承認自我的存在

意識到你已經擁有自己想要的東西，「滿足」的甜蜜會取代「怨恨」的苦澀。

「抱怨伴侶的種種做法，其實並不是你不開心的根源。覺得自己一無是處，相信自己微不足道，這才是你不開心的根源。」對他們說出這個結論後，我往後一靠，靜靜地等了兩分鐘。布拉德和珍妮特坐在各自的椅子上，垂著頭。最後，珍妮特開口了。

「我覺得直接離婚、另找別人，似乎會更容易一點。」她直截了當地表示。

「你是說，跟他結婚之前，你從來都沒抱怨過？」

「起碼沒這麼多。我都沒意識到自己一直在抱怨。每當我想到自己有這麼多抱怨……就覺得沒希望了。我是說，我們在一起十年了，抱怨也翻了好幾倍。如果抱怨是鈔票，我們早成百萬富翁了！」

「那是因為你沒有意識到，你從小就在抱怨。如果你聽見了自己的抱怨，就會意識到那有多幼稚。」

「好吧，如果你知道我是在什麼樣的家庭長大的，就會知道為什麼了。」

「我可不是，」布拉德自信滿滿地說，「我媽把我像國王一樣供著。她總是支持我、鼓勵我、表揚我……她是世上最好的媽媽。」

「沒錯，那你爸呢？」珍妮特語帶挑釁。

「他怎麼了？他總在工作，老是不在家。」

「他經常在家好不好？他只是不理你！他老是坐在椅子上看電視、翻報紙、喝啤酒！老天啊，那傢伙真能喝！」

「對，但他不會打人、罵人。他從來沒有像你爸一樣打罵孩子！老天啊，那個傢伙！就連混蛋也會覺得他是個混蛋！」

「你會這麼說，不就是因為我第一次帶你回家，他就追著你跑了好幾條街嗎？他從來沒打過我們——只是經常威脅說要打。再說了，這也不是他的錯！他從戰場上回來以後，就變了個人。他不知道該怎麼處理自己的憤怒。」

「但那還是滿痛苦的，不是嗎？」我輕聲對他們說，「也許你們會感覺有點怨恨，或者生氣？」

「這話是什麼意思？」布拉德厲聲問，「我父母又沒傷害過我——跟珍妮特可不一樣。

我沒什麼好氣的。」

「那麼，你覺得你是從婚後才開始抱怨的嘍？」

「呃，不，但那又不是我父母的錯！」

「你們的孩子會抱怨嗎？」我問。

「隨時隨地！」他們異口同聲地說道，然後相視而笑。

「但我敢打賭，你們全心全意地愛著他們。」

「我是的，」布拉德說，「但我不確定珍妮特也是。」珍妮特站起來，開玩笑似的捶了幾下丈夫的肩膀。布拉德縮進椅子裡，連聲大喊：「家暴！家暴呀！」

等珍妮特坐回原位後，我接著往下說：

「我要問你一些事，你要盡量說實話。布拉德，對於父親經常忽視你這件事，你有沒有感到一絲絲怨恨？」

「才沒有呢！」他脫口而出，或許有點太不假思索了。我什麼也沒說，只是不置可否地看著他。

「好吧，也許我還小的時候，有時候會有一點。比如我打完棒球賽回到家，告訴他我三次成功上壘，他的眼睛都沒離開過電視……我當然心裡酸酸的。不過，後來我媽走進來，特別為我高興。我就想——去他的吧！我才不需要他的認可呢！」他聳了聳肩，「我已經放下了，你懂吧？」

「那麼，你結束一天的工作回家後，會想跟珍妮特說說嗎？」

「我才不費這個力呢。」他立刻答道。

「因為？」我慫恿他繼續說下去。

「因為她才不會在乎呢。」他嗓音尖厲。珍妮特想要回應，但我舉起手制止了她。

「如果你回頭想想剛才說的那句話，你的話裡藏著怨恨嗎？」

「怨恨？我怎麼知道？」我沒有回應他的挑釁，只是靜靜地等待，「對，也許我是滿恨的！為什麼不呢？她是我太太啊！她應該在乎我過得怎麼樣，在乎我為這個家做的一切。」

「就像你父親也該在乎的那樣？」我意識到諮詢的時間快到了，另一位來訪者正在門口等著，但這看起來像是絕佳時機，於是我決定等一等，不管要等多久。我能看得出，布拉德的內心在掙扎，他的防衛機制與擺脫束縛的願望在天人交戰。幾分鐘後，掙扎結束了，他把怒氣一鼓作氣地釋放了出來。

「我好恨那個老傢伙！不管我做了什麼，他從來不表揚我、鼓勵我……也從來沒認可過我！他從來沒有陪我玩過。我朋友的老爸會跟他們玩摔角、玩拋接球……看在老天的分上，還會去看他們那些該死的比賽！我媽呢？哦，對，她經常表揚我，但每次我感覺糟糕的時候，她只會叫我別再那樣了……她從來不會聽我說話……從來不想知道我的真實感受……該死的！」他大聲嚷嚷起來，「我好恨他們！」他雙手抱頭，陷入了深深的痛苦。沉默了幾分鐘後，我決定給他們安排一份家庭作業。

「我希望你們今天能各自列一份清單，列出你們想從父母那裡得到，但從來沒有得到過的東西。請自己列自己的，但寫完後要跟對方分享一下。」

「接下來，我們該做什麼？」珍妮特問。

「我們會在下次見面的時候好好聊聊。」

「嘿，你還真是直接，這就開始催我們約下次了呀？」布拉德說，但似乎並不是真的開玩笑。

他們下週又來了，帶著各自的清單，臉上滿是好奇。他們輪流念了自己的清單，第二個念清單的布拉德滿懷期待地望著我。

「好極了！」我宣布，「謝謝你們付出的努力。現在，讓我告訴你們，你們手裡拿的是什麼。那是一份相當完整的怨恨清單，裡面是你們這輩子背負的怨恨。**你們把這份怨恨帶進了婚姻，透過吵架和抱怨向彼此表達恨意。**」

「什麼，全部？」布拉德疑惑地問，他看著自己的清單，皺起了眉頭，「我從來沒有因為珍妮特不來看我打棒球、不陪我釣魚就發火呀。」他又看了看手裡的清單，念了出來：「在我害怕的時候沒有握住我的手……在我學游泳的時候沒有耐心……沒有輔導我做作業……我們的婚姻裡從來沒有出現這些事啊。」

「那些不過是細節。你得問問自己，你需要從父母那裡得到什麼，你覺得他們本該給你什麼。如果你的父母去看了你的棒球比賽，他們本該會給你什麼？」

「我也不知道，」布拉德回答，又看了一眼清單，「關注？支持？熱情？」

「鼓勵？」珍妮特插了一句。

「說得都對——你也許想從他們那裡得到所有這些。不過，『鼓勵』把所有的都囊括進去了。**就像身體需要食物的滋養一樣，鼓勵是孩子必不可少的情感養料。**如果你把剛才說的那幾個詞，放進棒球比賽的句子裡，再把同樣的詞，放進你清單上的其他句子裡，就能更準確地描述你的怨恨。」

「什麼，你想讓我們現在就做？」布拉德看了一眼時鐘，「這不是浪費我們付錢諮詢的時間嗎？」

「我寫好了！」珍妮特大聲宣布，露出了勝利的微笑。我對布拉德說話的時候，她一直在奮筆疾書。

「高效小姐啊……」布拉德挫敗地搖了搖頭，「你知道，你有種天賦，總能把我比下去，讓我看起來特別差勁。」

「又不全是我的功勞——有一半功勞是你的。」

「布拉德，如果你想的話，可以回家再寫你的清單。我們先看看你剛才提到的那幾個詞吧：你有沒有因為珍妮特看起來不夠專注、不夠支持、不夠熱情，就感到怨恨或惱火？或者說，你覺得在你需要的時候，她沒有好好地鼓勵你？」

「全中！」珍妮特幫他回答。

「你想知道一個祕密嗎？」我身體前傾，壓低了聲音，「如果你在覺得需要這些東西的時候，能夠審視內心，把這些東西給她，就不會再怨恨了。」

主題5：怨恨

怨恨是一種苦澀的感覺。你覺得自己需要某樣東西，別人卻沒有給你，就會對他心懷怨恨。例如，媽媽有一段時間沒有給出你需要的讚賞，或者有很多次沒有給你充分的關注，你也許就會感到失望，並得出結論——你不開心是因為媽媽沒有給你這些東西。失望中蘊含的苦澀，變成了愈來愈多的怨恨。這種怨恨反過來讓你相信，自己不值得別人欣賞——因為你做得還不夠好，或者沒有取得巨大的成功。你一輩子都無意識地抱有這種怨恨，直到它在你的親密關係中顯現出來。你很容易認為自己沒得到需要的讚賞，完全是伴侶的錯。

讓我們回頭看看前面說過的：你也許會感到失望，並得出結論——你不開心是因為媽媽沒有給你這些東西。

但你完全可以將你覺得需要的讚賞給予別人，因為它存在於你的本質之中！如果你把它給了別人，就會感受到自己內心的讚賞，而不需要從外人、外物那裡獲得讚賞。**你沒有意識到自己擁有「給予」的能力，所以才會向外界尋求讚賞、承認和認可。**當你這麼做的時候，給予愛、重視和歸屬感，就成了媽媽的責任。只因為媽媽對你的讚賞不夠，無法滿足你的需求，你就一輩子心懷怨恨，直到帶進目前的親密關係中。**每當伴侶沒有給你足夠的讚賞（透過認可、感謝、贊同、表揚等方式），昔日的怨恨就會再度浮現，你就會再一次把滿足自己的需求視為別人的責任。**你懷有的怨恨，很有可能會加劇你內心的挫敗感。你沒有努力給予伴侶你覺得自己需要的東西，所以雙方的隔閡才會愈來愈深。

從呱呱墜地之日起，你就擁有給予的能力。你生來就具備必需的天賦，能夠將其付諸實踐。你來到人世間是為了給予，而不是獲取。一般情況下，你懷有的怨恨與這種天賦息息相關，而這種天賦對你實現目標至關重要。小時候，你完全忘記了自己獨具天賦。你愈是認同自己身體的侷限性，就愈不會關注你應該給予的東西，而只關注你需要的東西，追求愛和安全感。你拒絕承認自己存在的關鍵，只認同自身需求。而愈是認同自身需求，你就愈不相信自己有價值，並能將這份價值給予你的伴侶——乃至全世界！

實用指南

以下練習要完全從感覺出發，所以你必須停止理性思考，相信自己的直覺。把自己想像成一到七歲之間的孩子，將腦海裡蹦出的第一個詞語，記在紙上或腦袋裡，並將下列句子補充完整。

1 媽媽，我最需要從你那裡得到＿＿＿＿＿＿。（愛、欣賞、贊同、理解、接納、表揚、鼓勵……）

2 我以為你能透過＿＿＿＿＿＿把它給我。（描述你希望她做的事或說的話。）

3 沒有從你那裡得到它時，我感覺______。

4 這種感覺讓我相信我是______。

1 爸爸，我最需要從你那裡得到______。

2 我以為你能透過______把它給我。

3 沒有從你那裡得到它時，我感覺______。

4 這種感覺讓我相信我是______。

1 ______（兄弟、姊妹、親戚），我最需要從你那裡得到______。

2 我以為你能透過______把它給我。

3 沒有從你那裡得到它時，我感覺______。

4 這種感覺讓我相信我是______。

請記住，**怨恨跟別人沒有給你的「東西」無關，只跟沒得到滿足的情感需求有關**，比如對接納、欣賞、鼓勵、支持、扶持、指導、正向強化、關注、認可、相信、信任的需求。

現在，你可以審視一下因為沒能滿足這些需求而導致的沮喪、失落或挫敗感。

1 由於這些需求沒有得到滿足，我一輩子從來沒有做到或體驗到＿＿＿＿。

2 由於我把怨恨帶進了目前的親密關係中，每當伴侶不給我＿＿＿＿（接納、欣賞、表揚、贊同、鼓勵、支持、扶持、指導、正向強化、關注、認可、相信、信任等）的時候，我就會滿腹怨氣。

接下來，透過實際接觸或想像，接觸上述每個人，向他們道歉。因為，你要求從他們那裡得到的東西，其實是你想給予他們的。解釋你本該怎麼做，卻沒有那麼做。盡可能卸下心防。然後，把你認為需要從他們那裡得到的東西給予他們。例如，如果你需要從名單上某個人那裡得到讚賞，那就讓對方知道你有多麼欣賞他，並解釋你為什麼欣賞他。如果你因為從未得到某人的接納而心懷怨恨，那就向對方展示你有多愛他本來的面貌。如果你不僅是說出那些話，而且是深刻地體會這種給予，就會更受益。

- 媽媽，我一直希望你能給我＿＿＿＿。很抱歉沒有把它給你，現在我想把它給你（閉上雙眼，體會這份發自內心的饋贈。充分感受這份饋贈，享受給予的過程）。
- 爸爸，我一直希望你能給我＿＿＿＿。很抱歉沒有把它給你，現在我想把它給你（閉上雙眼，體會這份發自內心的饋贈。充分感受這份饋贈，享受給予的過程）。
- ＿＿＿＿，我一直希望你能給我＿＿＿＿。很抱歉沒有把它給你，現在我想把它給你（閉上雙眼，體會這份發自內心的饋贈。充分感受這份饋贈，享受給予的過程）。

最後：

- 我的伴侶，我一直希望你能給我________。很抱歉沒有把它給你，現在我想把它給你。

（閉上雙眼，體會這份發自內心的饋贈。充分感受這份饋贈，享受給予的過程。）

你懷有多少怨恨，就做多少次練習。練習的次數愈多，你愈能意識到自己一輩子背負的重擔，以及這些怨恨支撐的信念——那些信念會讓你變得盲目，對自己的偉大、智慧、平靜和永無止境的愛視而不見。

拒絕：遠離痛苦，卻進一步孤立自己

你不該感覺遭到拒絕，除非是你在拒絕對方。

「你想知道一個祕密嗎？」我身體前傾，壓低了聲音，「如果你在覺得需要這些東西的時候，能夠審視內心，把這些東西給她，就不會再怨恨了。」隨後，我解釋了怨恨的涵義，然後交給他們一項任務。這項任務有助於他們消弭怨恨，不僅是對他們彼此，還有對他們過去怨恨的人。

「這真的很有用，博士——」布拉德開口說道。

「我不是博士。」我提醒他。

「隨你怎麼說吧。不管怎麼樣，這真的很有幫助，但我們又不能把你帶回家，在怨氣冒出來的時候及時提醒我們。況且，它不是在我預料不到的時候突然冒出來，就是在我累得沒力氣應付的時候。」

「我可以提醒你呀，親愛的。」珍妮特揶揄道。她側過身體，輕輕掐了一把丈夫的胳膊。

「噢，對，那確實會很有用。」

「你剛才提到『突然冒出來』，能舉個例子嗎？」我問。

「當然可以了，讓我想想看……哦，有了！兩天前的晚上，我走進廚房，想告訴珍妮特，我手頭做的專案有了大突破。我是電腦遊戲設計師，有時候得給遊戲寫程式，這不是一件容易的事，尤其是當你——」

「資訊太多了！」珍妮特用唱歌般的聲音打斷了他。

「她當時就是這麼做的！我特別開心、激動極了，想跟她分享。接著，啵！她一下子戳破了我開心的泡泡。」

「那你當時有什麼感覺？」

「呃，我很生氣。」

「是的，是的，」我輕聲說，「但在表層的憤怒之下，你有什麼感覺？」

「呃，我當然很受傷。我感覺遭到了拒絕。」

「遭到拒絕。」我不置可否地重複了一遍。

「對啊，被人家拒絕的時候，你會感覺很受傷，不是嗎？」

「可是，布拉德，我當時剛洗好碗，你就興沖沖地跑進來，說了一大堆我聽不懂的電腦術語……我只是太累了，就是這樣。」

「有好多事你都說太累了。」布拉德譏諷地回應。

「哎喲！現在我感覺遭到了拒絕。」

「自作自受。」我說。

「什麼？」他們異口同聲地問道。

「拒絕是一種自作自受的傷害。沒有人能拒絕你，拒絕是你加於自身的東西。」

「我還是第一次聽見這種說法，」布拉德說，「我可沒辦法相信——不是有意冒犯啊，博士。」

「沒關係——而且再說一遍，我不是博士。根據我的經驗，沒有人能在感情方面傷害我。**無論生活中出現了什麼樣的傷害，都是源於我需要從某人那裡得到什麼，卻無法得到。**你需要太太的熱情支持，覺得自己是去找她分享好消息，但其實是想從她那裡得到什麼。當她沒有給出你期望的讚揚和熱情回應時，你感覺沮喪……洩氣……氣餒……甚至自覺一無是處。」

「呃，也不是一無是處啦，」布拉德自衛似的反擊，「也許是不那麼有價值吧。」

「不過，你還是感覺很受傷，對吧？說到底，你生氣肯定不是因為開心。你之所以會感覺受傷，不是因為她拒絕了你，而是因為你的需求沒得到滿足。接著，你又反過來拒絕了她，試圖把自己的痛苦推開。也許可以說，你把她從心裡推了出去。每當我們對別人闔上心扉時，孤獨感就會愈加強烈。這是一種雙重打擊。」

「那我那個時候該怎麼做？如果以後發生類似的事，我應該怎麼做？」

「我不知道能不能說『應該』——我不大喜歡這個詞，但你可以提升意識，意識到：(1)**你覺得受傷，是因為你需要的東西沒人能給你。(2)採取『拒絕』這種行為的人是你。(3)不是直面一無是處的感覺，並開始『經歷整個過程』，就是給予伴侶你認為她應該給你的東西。**」

「你說的『經歷』是什麼意思？」珍妮特問道。我帶他們回顧了前幾次諮詢時向他們展示的步驟：意識到自己內心的不適感，進一步關注那種感覺的核心，直到不適漸漸化為平靜。

「有簡單一點的方法嗎？」布拉德微笑著問我。

「當然有！」我也對他微微一笑，「有一種方法更簡單——拒絕你太太。拒絕永遠是最簡單的選擇，但簡單的通常都不是最佳選擇。」

主題6：拒絕

你的需求沒有得到滿足時，你會為此感到痛苦，對此的反應就是拒絕。為了不感覺痛苦，你必須透過某種方式拒絕它。然而，在拒絕痛苦的同時，你也在拒絕沒有滿足你需求的人。這麼一來，你就能保護自己免受傷害。但此時此刻，你沒有意識到，你只是進一步孤立了自己：不僅僅是遠離周圍的人，還遠離了從內在出發，滿足需求的可能性。因此，

在拒絕痛苦的同時，你也在拒絕自己。

拒絕是一種極其微妙的體驗，具體過程是這樣的：

- 你帶著對受重視和歸屬感的需求進入一段親密關係。
- 你期望伴侶能滿足你的這些需求。
- 伴侶沒能滿足你的需求，無法讓你感到滿意。
- 需求沒有得到滿足，讓你覺得很受傷，傷痛開始在心中浮現。你在沒意識到的情況下做出了反應，透過壓抑或避免關注它來拒絕痛苦。
- 你說服自己，你感覺到的拒絕來自你的伴侶（我需要某些東西，伴侶沒有提供給我，所以他拒絕了我）。
- 事實上，是你在拒絕你的伴侶。完全是因為你讓伴侶承擔了「滿足我的需求」的責任。

你的伴侶無法拒絕你。他可以對你大罵髒話、說出最惡毒的詛咒，但只要你繼續深愛並接納他，你就不會感覺遭到了拒絕。**只有當你不肯去愛的時候，才會感覺遭到了拒絕。**

實用指南

你能否敞開心扉，認真思考上述關於拒絕的說法，接受「沒人能導致你感覺遭到拒絕」？你能否好好地反思一下，你感覺遭到拒絕，也許是因為你不肯去愛？如果你能做到，接下來請反省一下，你因為感覺受了傷害，在哪些方面開始發動攻擊、疏遠伴侶。拒絕可以是被動的（安靜地退縮、迴避），也可以是主動的（責備對方、咄咄逼人地譴責），但其實採取「拒絕」這種行為的人是你，所以你才會感覺遭到了拒絕。

接下來，如果你準備好了，請走近你的伴侶，承認你在哪些方面拒絕了他（如果你還沒有為邁出這一步做好心理準備，也可以想像這麼做，或者白紙黑字寫下來）。下面的練習會對你有所幫助。你可以在心裡想、用嘴說，也可以寫在紙上。

1 我的伴侶，我需要你幫我感覺到自己很重要。

2 為了感覺自己有價值，我希望你＿＿＿＿（具體解釋你希望他做什麼事、說什麼話）。

3 當你沒有滿足我的需求時，我感覺自己＿＿＿＿（無足輕重、一無是處、沒有人愛、沒有人要等）。

4 我會拒絕那種感覺、拒絕你，同時告訴自己，是你在拒絕我。但其實是我對你闔上了心扉。

5 我可能會繼續無意識地這麼做。不過，我會盡我所能，努力意識到自己的這種行為模式。因為我真的想愛你，想把你從「滿足我的需求」的責任中解放出來。

承認是你在拒絕對方，這會讓你意識到，將來伴侶無法滿足你的需求時，你完全可以用除了「拒絕」之外的方式做出回應——比如說接受。**當你接受伴侶無法滿足你的需求時，你就接受了自己，轉而憑藉內在力量滿足自身需求。**

【注意事項】

你的伴侶有可能不夠開明，無法接受你的坦白（你承認是自己在拒絕他）。如果是這樣，請抵制住誘惑，不要對伴侶闔上心扉。你可能會再次感覺遭到拒絕，但只有闔上心扉，才會真正感到被拒。時刻敞開心扉，意識到你仍然愛著你的伴侶，不管他的反應是什麼樣的。

操縱：你的行為動機並非出自愛

當我們意識到伴侶不會提供我們需要的東西時，仍然會覺得他們明明就有那件東西——只需要騙他們交出來就行了！

「當然有！」我也對他微微一笑，「有一種方法更簡單——拒絕你太太。拒絕永遠是最簡單的選擇，但簡單的通常都不是最佳選擇。」

「布拉德，我最難過的是，你忘了我有好幾次都為你和你的成就高興。」珍妮特說，「就算有時候我感覺不那麼好，還是會為你高興。」

「對，我看得出你是裝的。」

「你才看不出呢，反正不是每次都看得出，」珍妮特說，「但有好幾次我需要你的認可，你卻沒有給我。」

「你是怎麼努力獲得他的認可的？」我問她。

「哦，你懂的，就是平常那些事。我什麼都試過了，梳妝打扮啦、給他買小禮物啦、買他最喜歡的電影光碟啦——」

「你敢相信嗎？」她丈夫接過這個話題，「這都什麼年代了，她還買DVD！」但珍妮特太專注於自己想說的話，思路完全沒被丈夫打斷。

「我試著做他最愛吃的菜，晚上給他做背部按摩……」她努力想例子，聲音愈來愈小。

「我還以為你做那些事是因為愛我呢。」布拉德的語氣有點受傷。

「沒錯！」她一口咬定，「但我想，我也希望你能為此感激我。」

「如果認可或感激遲遲沒來，你會怎麼做？」我問。

「呃，現在這種情況愈來愈多了。我想，只要能吸引他的注意，我就滿足了。也許我會建議我們一起做點什麼，要不就是抱怨幾句……我也不知道……要不然，找他吵一架？」

最後幾個字用的是猜測的語氣。

「我就知道你是故意這麼做的！」她丈夫大獲全勝似的大聲宣布。

「那你呢，布拉德？你為了感覺受重視，或者找到歸屬感，都做了些什麼？」

「我試著吵贏她。」他仍然咬住太太剛才說的話不放。見太太沒上鉤，他只好接著往下說，「大多數時候，我只想一個人待著，但她總跟在我的屁股後，要我跟她一起做點什麼，比如一起看電影啦、一起做飯啦。」

「要是我沒這麼做，你就會澈底消失。」珍妮特一臉責備。

「你確定？」我懷疑地問。

「對，他就是這麼做的——他躲在家裡的工作室，直到我喊他出來吃晚飯，或者孩子們拖他出來陪他們玩。孩子們這麼做的時候，他從來不抱怨，但如果是我這麼做，他就會一臉不高興，就像我是他的眼中釘、肉中刺似的。」

「珍妮特，那你一心忙著做某件事的時候呢？也許你會長時間陪孩子或忙工作——你注意到他有什麼變化嗎？」

「沒有，」布拉德在太太開口之前搶先作答，「那對我來說就像天堂一樣，哈哈！」

「仔細想想，」珍妮特思忖著，「每次我不關注他的時候，他就會從『窩』裡鑽出來，問我有沒有看見他的鑰匙或是平板電腦。要不然，他就會開始抱怨背痛，或者是他可能要感冒、著涼了。這種時候，他才是那個想跟我一起看電影的人。」

「我從來沒那麼做過！」布拉德努力裝出生氣的模樣，但臉上一直掛著笑。

「不是馬上就那樣，親愛的，但如果我真的忙著工作或陪孩子，你就會開始像蚊子一樣，圍著我嗡嗡叫。」

「才沒有呢！」

「你覺得她說得有點誇張？」我問布拉德。

「才不止一點呢。」布拉德一口咬定，「她真的特別忙的時候，我正好有機會陪陪孩子，或者在辦公室多做點工作……或者類似的事。」

「如果她一直很忙，顧不上你呢？」

「噢，我的背啊！」珍妮特一隻手撐在腰間，一隻手扶著額頭，模仿丈夫的樣子，「噢，我的頭啊！我想我要生病了……噢，我肚子好疼啊……」我和布拉德都被她栩栩如生的表演逗樂了。

「只有幾次啦！」布拉德好脾氣地提出抗議。

「每次我連續忙上好幾天，你都會這麼做。」珍妮特咬定不鬆口。然後，她轉身對我說：「他甚至會在上班的時候打電話給我，問一些明明可以回家再問的事——就像他有某種雷達，知道我什麼時候完全沒在想他。」

「你很想知道是怎麼一回事，對吧？」我反問，「**我們都需要歸屬感，需要覺得受重視，這些需求驅使我們做各式各樣的事，目的是得到別人的贊同、欣賞、認可、支持……起碼是關注。**」

主題7：操縱

這個主題，建議你審視自己為伴侶做的一些事背後的動機，關注你為滿足自身需求採取的操縱形式。例如「如果我把衣服洗了，也許伴侶會願意跟我親熱」，或者「如果我很生氣，也許伴侶會做我想讓他做的事」，又或者「如果我把伴侶伺候得好好的，也許他就不會再生氣了」。你通常不會有意識地想這些，不過你會採取成千上萬種操縱方式，卻沒意識到促成這些行為的是自身的需求。

這些操縱行為的問題在於，它們不是源於你充滿愛意的本性，而是源自你的需求。因此，如果伴侶確實被你的策略收服了，他可能會自覺或不自覺地意識到自己受了操縱。他的怒火可能會愈燒愈旺，因為他受了引誘或欺騙，成了犧牲品，而不是自覺、主動地去做的。這個主題，建議你審視自己行為的源頭，感受「為了獲取而給予」與「源自愛意的給予」之間的區別。

實用指南

首先，你需要做一定的準備，因為你可能還沒準備好公開承認自己在操縱伴侶。沒有必要逼自己馬上承認，相信自己會根據準備程度採取行動。你可以從將下列句子補充完整做起。（請記住，如果你聽不見直覺的指引，那就大膽猜測吧。你可能會對它的準確性感到驚訝！）

1 我有——％意識到我需要伴侶的認可。

2 當他不願意給我認可的時候，我會試著透過——從他那裡得到（在符合的選項後面打勾，可多選）：

①稱讚他＿＿

②故作風趣＿＿

③為他做些事＿＿，比如＿＿＿＿（請具體描述）

④給他買東西＿＿，比如＿＿＿＿（請具體描述）

⑤故意發火＿＿

⑥談論我自己（我取得的成就、關注的事、人生哲學）＿＿

⑦開始辯論（或爭吵）＿＿

⑧試著搞笑＿＿

⑨提議上床親熱＿＿

⑩其他＿＿＿＿（請具體描述）

選擇你對伴侶的另一種需求，再次勾選你偏愛的操縱形式。盡可能多做幾遍這個練習，每次針對你不同的需求。

1 我有＿＿%意識到我需要伴侶的＿＿＿＿（接納、欣賞、鼓勵、支持、扶持、指導、正向強化、關注、信任等）。

2 當他不願意給我認可的時候，我會試著透過＿＿從他那裡得到（在符合的選項後面打勾，可多選）：

①稱讚他＿＿

②故作風趣＿＿

③為他做些事＿＿，比如＿＿＿＿＿（請具體描述）

④給他買東西＿＿，比如＿＿＿＿＿（請具體描述）

⑤故意發火＿＿

⑥談論我自己（我取得的成就、關注的事、人生哲學）＿＿

⑦開始辯論（或爭吵）＿＿

⑧試著搞笑＿＿

⑨提議上床親熱＿＿

⑩其他＿＿＿＿＿（請具體描述）

現在，將所有需求都歸結為對「受重視」和「歸屬感」的基本需求。這兩大需求通常被解釋為「被愛」的需求。因為你已經被深深愛著了，所以你就是愛意的化身。那麼，**操縱伴侶給出你已經擁有的東西，只會導致你否認自己的本性。**

等你做好準備以後，就可以走近伴侶，坦白你採用了哪些行為，試圖從他那裡獲取某些東西。這麼做，首先會幫你認清自己做哪些事是出於愛，而不是出於自身需求操縱對方。其次，這會讓你的伴侶擁有清醒的意識。這麼一來，你們就不太可能回到原有的行為模式了，而雙方都不知道究竟發生了什麼事。也許你內心深處藏著更微妙、更複雜的操縱形式，連你自己都還沒意識到。這就是為什麼需要持續觀察自己的行為，同時問問自己：

「我這麼做的動機是什麼——是出於愛，還是出於需求？」

憤怒：引發對方的罪惡感及其恐懼

大多數的憤怒只是為了讓別人產生罪惡感。

「我們似乎總會惹對方生氣，怎麼也停不下來。」兩個人坐下後，蘇珊說道。這是他們第二次來找我諮詢了。桑傑三十三歲，蘇珊二十七歲。桑傑生在美國，但他的家人是印度移民。蘇珊生在菲律賓，七歲時來到美國。他們沒有正式結婚，但已經同居四年了。

「你覺得這是壞事？」我問。

「嗯，當然了！剛在一起的兩、三年，我們的關係很好——那兩三年只吵過一架。但現在呢，我們就像要補上當時沒吵的架，每隔兩天就會大吵一架。我很愛桑傑，可是……」

「可是什麼？」我鼓勵她繼續說下去。

「可是這種感覺真的很糟糕！」桑傑幫她補完了後半句，「我喝茶會嘖嘖響，她吃飯會發出咀嚼聲；我睡覺會打呼，她喜歡所有東西都乾乾淨淨、整整齊齊；她不喜歡我的朋友，我對她的家人沒什麼好感……」

「這是我們在一起以後，他話說得最多的一次。每次他有心事，就會一個字都不肯說。」

「相信我，我想說的話你絕對不想聽。最好我還是什麼也別說——總比出口傷人要好，就像……」

「你是說，就像我一樣？」

「蘇珊，你會不假思索地大發脾氣嗎？」我問道。

「我只是有感覺就說出來。」蘇珊往後一靠，雙臂抱胸。

「她這人很刻薄。」桑傑表示，然後陷入了沉默。

「那麼，如果發生了什麼事，把你們中的一個惹毛了，另一個也會很生氣。我這樣理解對嗎？」

「也不完全是。」蘇珊糾正了我的說法，「有時候，我們中的一個會很生氣，另一個就會進入防衛模式，試圖為自己辯護。最後，我們都會氣沖沖的，這種狀態會持續好幾天。」

「我討厭生氣。」桑傑說。

「噢，難道我就喜歡？」

「你看起來似乎——你很容易發火。」

「哼，你的沉默塞滿了整間屋子！」蘇珊的嗓門愈來愈大。

「桑傑，那你生氣是為了什麼？」我問，「我不是問你為什麼生氣──你懂的，只是你陷入沉默是為了達到什麼目的？」

「我也不知道，大概是想讓她停下來吧。」

「你生氣怎麼能做到這個？」

「我沒聽懂你的問題。我試著發出訊號，表示她的做法讓我覺得不舒服。比如她總在打掃和消毒──那簡直要把我逼瘋了！剛開始，我會試著跟她開玩笑，你懂的，就是用風趣的方式告訴她，可是──」

「他說那是風趣，」蘇珊火了，「我倒覺得明明是被動攻擊！他『風趣』起來可會挖苦人了──他只是生氣又不敢說，只會偷偷摸摸！」

「瞧瞧，我說了吧，她這人很刻薄。」桑傑對我說。

「我們先回到剛才的問題：你生氣的目的是什麼？」

「我說了呀，想讓她停下來。」

「那麼，生氣是為了？」

「懲罰我！」蘇珊厲聲說道，雙臂仍然緊緊地抱在胸前。桑傑低頭盯著自己的膝蓋，搖了搖頭，陷入了沉默。「看見了吧？他總是這麼做！我被拋在一邊，感覺像是做錯了什麼。」

「桑傑，這就是你的目的嗎──讓她產生罪惡感？」他沒有回答，於是我接著往下說，「也許還有其他的目的吧？」

「比如什麼目的？」蘇珊問，抱在胸前的雙臂稍稍放鬆了一些。

「呃，如果一個人產生了罪惡感，那他做的事就是錯的，那麼另一個人做的就是？」

「對的！」

「沒錯。另外，如果對方做的事是錯的，那麼生氣的人覺得受傷或不舒服也是錯的，所以拒絕這種感覺就是合情合理的。壓抑、否認、逃離……隨你怎麼做，只要不用感覺不舒服就行。」

「我就知道，他試圖用沉默來控制我！」蘇珊大獲全勝似的宣布。

「就像你試圖用激烈指責來控制他，」我提醒她，「比如讓人心煩的事出現了，不適感開始在你的意識中浮現。但在你意識到這種感覺之前，你體內的防衛機制就會發出警報，告訴你自己受到了威脅。你會從外界尋找威脅來源，盯上伴侶的惱人行為。隨後，你會啟動自己的憤怒機制，試圖：**(1)迫使不適感消失。(2)控制你的伴侶，使對方的行為不至於引起你的不適。**」

「我感覺我髒死了，」桑傑突然低聲說，「每次她進入『清潔狂』模式後，我就會感覺自己像黴菌。她總是那麼愛乾淨、愛整潔，讓我覺得配不上她，覺得我就像一無是處的垃圾。我感覺糟糕透了，不知該怎麼辦，只好……生悶氣。」

「對於這種感覺，還有另一種反應，」我告訴他，「但它不像生氣那麼自然而然，也不像生氣那麼容易做到。」

主題8：憤怒

人們通常會用以下三種方式表達憤怒：**攻擊、退縮和被動攻擊**。不管你用什麼方式，目標都是一樣的：

1 讓別人產生罪惡感，從而控制他的行為。

2 推開自己內心開始浮現的不適感。

3 使自己處於有利位置（比如正確的一方），從而遠離不適感。

當伴侶的言行導致你煩躁不安時，你會利用憤怒讓他做出改變。因此，如果能透過發怒引起對方的罪惡感（以及隨之而來的恐懼）而控制伴侶，你就能控制不適感，避免它在意識中浮現。最後，你透過假設自己是正確的一方，進一步遠離不適感。假設自己是正確的一方，會讓你感到特別驕傲，遠離脆弱和傷痛。

然而，**憤怒實際上對你有害無益，因為所有的傷痛和不適，都跟你的信念息息相關**。如果你忽視了不適感，那種信念會繼續限制你，你卻無法意識到這一點。每當感到煩躁或不適的時候，你都會做出強迫性的反應。你會繼續跟伴侶保持距離，強化自己的孤獨感。直到你決定直接面對自己靠憤怒來逃避的東西，一切才會有所改變。

實用指南

透過完成以下步驟，你可以逐漸提升意識，最終打破憤怒這種行為模式。

選擇一件最近讓你心煩意亂的事。

1 當我的伴侶＿＿＿＿＿的時候（描述你的伴侶做了什麼、沒有做什麼，或者說了什麼，惹得你火冒三丈），我很容易生氣。

2 透過生氣，我避免了＿＿＿＿＿的不適感。（為了簡單起見，請在下列選項中挑一個）：

- 被人拋棄（感覺被人遺棄、孤獨、被拒、寂寞、孤立、沒人要等）
- 一無是處（沒價值、不夠好、沒用、糟糕、沒人愛、無足輕重等）
- 心碎（傷心欲絕、悲傷、氣餒、失望、慘遭背叛等）

如果你也不清楚自己試圖用憤怒壓抑什麼樣的不適或痛苦，不妨聽從直覺或想像的指引。

3 我從＿＿歲開始，內心就一直懷有這種不適感。

4 這種感覺與我相信我是＿＿緊密相連（答案只需要一兩個字）。

5 我的伴侶並沒有透過他的行為給我造成這種不適，而是幫我意識到了這一點，也讓我意識到了與此緊密相連的信念。

完成練習後，你可以因為自己發火向伴侶道歉，說明他有這種行為時，你的真實感受。這麼做的目的不是改變伴侶的行為，而是視其為直面自身信念的機會。事實上，你可以請伴侶繼續採取惹你生氣的行為方式（只要不是不健康的行為或虐待就行），直到你能平靜地面對舊日傷痛，看清這種信念背後的真相。

父母：親密關係中的隱形負擔

我們看不慣父母的做法，卻註定重蹈覆轍。

「對於這種感覺，還有另一種反應，」我告訴他，「但它不像生氣那麼自然而然，也不像生氣那麼容易做到。」我向他們解釋了憤怒是怎樣被用作防衛機制，避免感覺到內心深藏的痛苦和不適。接下來，我指導他們做了一些練習，幫他們意識到這些不適感過去就存在。他們走完所有步驟後，蘇珊透過觀察得出了結論：

「我開始意識到，桑傑生氣的時候有多像他媽媽，我生氣的時候有多像我爸爸。」

「我也想起了我媽媽，」桑傑的語氣讓我覺得，這不是他第一次意識到這一點，「我想我生氣時的表現，是從她那裡學來的。她總是一聲不吭，我們還以為她是害怕老爸呢。但也許她只是很生氣，就像我一樣。蘇珊很像我的老爸。他們都像隨時可能爆發的火山！」他轉身看著蘇珊，「抱歉這麼說，手下留情啊！」

「我們等著瞧吧。」蘇珊瞪了他一眼，嘴角露出一絲微笑。

「你們可能聽說過，我們進入一段親密關係時，會背負很多包袱。」我告訴他們，「與父母和兄弟姊妹沒有解決的問題，甚至還有上學時的爛事。我不知道是不是每個人都這樣，但我有很多來訪者都說，他們跟父母的關係，似乎影響了他們跟伴侶的關係。如果說有『家庭影響』這回事，父母要負很大的責任。」

「在很多事情上，我一直沒有原諒爸爸，」桑傑承認，「主要是他生氣的時候，對我做的事。」

「我討厭媽媽一直對爸爸逆來順受，」蘇珊說，「從十六歲起，我就一直看不起她。我決定拿爸爸當榜樣——我絕對不要變成媽媽那樣。」

「你爸是個心理變態。」桑傑提醒她。

「所以呢？我媽疑神疑鬼。你懂的，我選擇有限。」

「這能解釋很多事。」桑傑嘟囔著。蘇珊捶了他肩膀一拳，他往後縮了一下。蘇珊一臉怒氣，這讓我大為驚訝。

「這裡不允許任何人身攻擊，」我輕聲但嚴肅地提醒，「我們回到你父母的話題上吧。」

「你覺得原諒父母，會對我們的關係有幫助？」桑傑問。

「我關注的不是『原諒』。根據我的經驗，提升意識更重要。比方說，意識到你為什麼會說永遠不會原諒你爸，或者蘇珊為什麼會不接受她媽。用批評或責備推開他們很容易，但要意識到行為動機，也就是內心的傷痛……呃，那就難多了。」

「他恐嚇和批評我，讓我感覺自己像垃圾……」桑傑面無表情地說，「還有，他對我成績單上的『優』視而不見，只要一看到『良』就狠狠地揍我……這讓我感覺自己很失敗。」

「他這麼對你的時候，你覺得他有什麼感覺——他是愉快還是不愉快？」

「你是設陷阱讓我跳嗎？他當然是不愉快啊。」

「他感覺到的是什麼樣的不愉快？」

「我怎麼知道？」桑傑氣急敗壞。

「呃，發揮想像力，大膽猜猜看。他為成績單上的『良』揍你的時候，你猜他可能覺得？」

「自己很失敗，」他脫口而出，「不過，我也不確定——只是瞎猜的。」

「對你發脾氣的時候，我也有這種感覺，」蘇珊承認，「你總能讓我感覺自己很失敗。」

「哈！我媽也總讓我爸感覺很失敗。這就是我爸會火山爆發，對她動手的原因。我媽總是拿他跟他有錢的兄弟做比較。我終於知道我的被動攻擊，是從哪裡學來的了。」

在蘇珊開口之前，有好一陣子，大家都陷入了沉默。

「所以說，桑傑的媽媽覺得自己很失敗，就拿丈夫出氣。她丈夫覺得自己很失敗，就拿妻子出氣。我父母覺得自己很失敗，就拿彼此出氣……」她停下來喘了口氣，「然後，他們又拿我們出氣，讓我們感覺自己很失敗。我們又因為這個怪他們。現在，每當感覺失敗的時候，我們就會拿彼此出氣。但這一切是從誰開始的？失敗的感覺是從哪裡傳下來的？」

「失敗是一種信念，」我答道，「你相信自己是個失敗者，與這種信念緊密相連的是感覺自己一無是處——或者說是微不足道，又或者說是無足輕重。每個人都有過這樣的感受。這不是誰的錯，人都這樣。」

「那為什麼我要原諒父母？」桑傑問。

「這是你的想法，我可沒這麼說。」

「沒什麼好原諒的！我父母只是……」他聳了聳肩。

「普通人罷了。」我幫他補完了後半句。

主題9：父母

這個主題告訴你，是時候審視與父母的關係，探討它對你目前親密關係的影響了。父母也許給了你很多值得感恩的東西——你獲得的支持、引導和鼓勵，還有從他們的人生經歷中汲取的智慧。然而，你們的互動過程中，也許存在一些不愉快的時刻，成了你目前親密關係中的負擔。

無論你選擇什麼樣的伴侶，他最終都會讓你想起自己的父母，這幾乎是不可避免的。伴侶也許會拋給你某個眼神，或者說出某些傷人的話，跟父母對你的方式一模一樣。或許，你會發現自己的做法，正是父母讓你看不慣的做法。如果上述任何一點，導致你目前的親密關係出現問題，就表示你過去對父母的不滿正在漸漸浮現。**如果你無意識地背負起這些不滿，而不是從父母的「錯誤」中汲取經驗，就會重複父母的做法**。

實用指南1

完全靠直覺，根據需要將下面的句子補充完整。如果你聽不見直覺的指引，那就大膽猜測吧。你可能會對它的準確性感到驚訝！

1 我爸生氣的時候，會________（例如：大吼大叫、發脾氣、退避三舍、被動攻擊等）。

2 火冒三丈的時候，他可能感到________（例如：受傷、一無是處、沒有人愛、無助、無力、失敗等）。

3 我媽生氣的時候，會________。

4 火冒三丈的時候，她可能感到________。

5 我生氣的時候，表現得就像我的＿＿＿＿。
6 我的伴侶生氣的時候，表現得就像我的＿＿＿＿。
7 我爸用＿＿＿＿（例如：逃避、指責、批評、疏遠、爭論等）來處理關係中出現的問題。
8 我媽用＿＿＿＿來處理關係中出現的問題。
9 發生衝突的時候，我表現得就像我的＿＿＿＿。
10 發生衝突的時候，我的伴侶表現得就像我的＿＿＿＿。

這個練習的目的，是幫你理解父母彼此的做法。你對他們的做法不滿的時候，他們自己也很不開心，但不知道怎麼直面自己的感受。**你愈能為自己的感受負責，愈能直面自己的情緒，就愈容易改變從父母那裡繼承的「習得行為」**。

實用指南2

現在，你可以審視內心依然存在的對父母的不滿。

全身放鬆，坐在椅子上，閉上雙眼。想像父母站在你面前，低頭看著你。當你想到父親或母親的時候，注意自己感覺到的怨恨、責備、批評、拒絕、憤怒或冷漠。除了愛和感激，其他任何東西，都會引導你走向「妄加批評」。

堅持一分鐘，然後睜開眼睛，回答以下問題。相信自己的直覺或想像，而不是試著回憶到底發生了什麼事：

1 我和爸爸的關係中最難處理的地方，是他＿＿＿＿（具體描述他的哪些做法或態度，是你覺得最難處理的，或是處理起來感覺不舒服的）。

2 這深深地影響了我，直到今天，我在親密關係中還是不能＿＿＿＿。

3 我和媽媽的關係中最難處理的地方，是她＿＿＿＿（具體描述她的哪些做法或態度，是你覺得最難處理的，或是處理起來感覺不舒服的）。

4 這深深地影響了我，直到今天，我在親密關係中還是不能＿＿＿＿。

5 我爸這麼做的時候，他可能感覺到＿＿＿＿。

6 我媽這麼做的時候，她可能感覺到＿＿＿＿。

作為「審判者」，你也許會試圖說服自己，是父母的行為對你目前的親密關係產生了負面影響。（「如果我媽是個更稱職的母親，我現在就會更自信，也會是更好的伴侶！」）但事實上，如果你不去批判他們，允許他們做真實的自己（考慮到當時的情況，他們已經盡力了），他們犯下的唯一「錯誤」就是，因為遭受了太多痛苦，有時候無法給你愛。如果你為此批評他們，就會不願意付出愛，也就會變成你看不慣的那種人。

痛苦：雙方愛意的交會之處

人生旅程中，痛苦是無從避免的，受苦則是可以選擇的。

「大家結婚後，都像我們吵得這麼凶嗎？」珍妮特問。

「為什麼這麼問？」我反問。我已經好幾個月沒見到她和布拉德了，很想知道他們現在過得怎麼樣。

「我也不知道。只是覺得我們的關係比別人都煎熬。我每次出門，看見別的小倆口經過，他們看起來都比我和這傢伙幸福。」她用大拇指指了指布拉德，但沒有正眼看他。

「噢，我也愛你，親愛的！」

「也許那些人看見你們的時候，心裡也在想同樣的事呢。」我說，「但話說回來，你們都是為什麼吵架？」

「哦，也不多啦，」她一臉譏諷地說，「為了錢啦、孩子的教育啦，還有對性生活不滿啦——」

「我們有性生活嗎？」丈夫忍不住插嘴，「老天啊，下次有的時候，麻煩告訴我一聲！」

「哦，還有吵他到底是風趣呢，還是純粹是傻。」她說完，對丈夫扮了個鬼臉。

「能具體說說嗎？」

「好吧，就像他對我們性生活的評論——」

「嘿，是你先說『不滿』的。」她丈夫諷刺地回應。

「看起來你們對性生活的感覺都不怎麼樣啊。」

「我感覺糟透了，珍妮特則是什麼感覺都沒有。這是我們上次試著過性生活的時候，她親口說的。」

「呃，我才不是呢！」珍妮特咬定不鬆口，「只是它變得好重複……好老套。」

「**婚姻中的重大危機，通常都是圍繞金錢、孩子、性生活和雙方父母展開的。**」我告訴他們，「看起來你們四個裡面中了三個。」

「四個全中。」布拉德糾正了我的說法，「她父母到現在還是不喜歡我。每次我們吵架，她都會跑回娘家。他們都希望她離開我。」

「好吧，那我們就從性生活說起。你們為此吵架的時候，你在表層的憤怒之下，有什麼感覺？珍妮特，這次你先說。」

被物化了。」

「好吧，作為一個被物化的人，你心裡有什麼感覺？」

「我感覺自己被利用了，就像我一點內在價值都沒有。要是我沒有這副好身材，他根本不會要我。我覺得自己沒人要——對，就是這樣！他不想要我，只想利用我的身體。我覺得自己沒人要！」

「但我確實想要她啊！我幹麼娶個我不想要的人？」

「等等，等等，」我輕聲說，「麻煩先把這個問題說完。你和珍妮特為性生活吵架的時候，在憤怒的表層之下，還有什麼不舒服的感覺？」

「我覺得自己一無是處。」

「哦，你覺得自己一無是處？」

「我覺得我只配賺錢、養孩子、丟垃圾，或者做類似的事，就像我是家裡的僕人一樣。」

「那麼，你覺得自己一無是處。」我重複了一遍。

「對，這就是我想說的。」

「珍妮特，你覺得自己沒人要。布拉德，你覺得自己一無是處。這些感覺你們以前有過嗎？」

「我想有的。」珍妮特想了幾秒鐘後說道，「對，打從記事起，我就覺得自己沒人要，而且一無是處。」

「我也是。」布拉德表示贊同。

「所以說，也許性生活既是機會，也是挑戰。不好的一面是，它讓你們只討論表面上的問題。好的一面是，它提供了寶貴的機會，讓你們能直面核心問題，直面那種痛苦——覺得自己一無是處、沒有人愛。」

「這麼做又有什麼意義呢？」布拉德滿腹狐疑。

「只有做了才會知道。但說不定痛苦背後有東西在等著你，那是真正有價值的東西。」

主題10：痛苦

據說佛祖發現，只有經歷痛苦之後，才能提升意識。他認為，痛苦會將人類從虛無的陷阱中解放出來。如果沒有痛苦，人類永遠不會意識到自己生活在虛無之中。然而，當人們處於極度痛苦的境地時，這一真知灼見並不能帶給他們多少慰藉。

當兩個人的關係中出現痛苦時，雙方都只希望痛苦消失，有時甚至會為了消除痛苦而犧牲對方。拒絕痛苦和感知到痛苦之源（在這種情況下，感知到的痛苦之源是你的伴侶），是人類的正常反應。但在一段親密關係中，痛苦實際上是雙方愛意交會之處。**出現痛苦就意味著你該朝伴侶邁出一步，向對方展現愛意，從而在情緒上走向成熟。**如果你拒絕痛苦，就無法做到這一點。因為如果你拒絕痛苦，就將伴侶變成了敵人。

實用指南

如果你目前和伴侶關係不和，正在解決雙方發生的衝突，可以透過以下練習澄清問題，讓雙方的關係重新變得融洽。如果目前沒有發生衝突，請回想最近的一次衝突，根據過去或目前的情況完成下列步驟：

1 在這次衝突中，你是否想過要逃離伴侶，或向對方發起攻擊（或被動攻擊）？是＿＿否＿＿

2 當你感覺不開心的時候，是否經常發現自己有這種反應？是＿＿否＿＿

3 什麼樣的痛苦促使你這麼做？＿＿＿＿（為了簡單起見，你可以從下列詞語中選擇一項：一無是處、被人拋棄、遭到拒絕、沒人要、氣餒、罪惡感、微不足道、無足輕重）。

4 你過去有過這種感覺嗎？

5 這種不愉快的感覺，存在於你身體的哪個部位？

6 把手放在這個部位，把痛苦想像成一種顏色，將注意力放在那種顏色的核心位置上。

7 提醒自己，這種痛苦只是經過偽裝的愛。偽裝本身並不真實，只有愛才是真實的。

8 現在，你有兩個選擇：**(1)閉上雙眼，讓自己充分意識到痛苦。(2)給予你的伴侶愛和感激。痛**

苦將在接納與感激中煙消雲散。

怎樣才能充分意識到痛苦？全身放鬆，想像痛苦是一股在你體內呼嘯的巨大能量，然後想像自己仰面跌入漩渦。這不是建議你沉溺於痛苦，而是讓你停止拒絕，把全部意識都交給它。

如果你跟伴侶發生爭執，或是逃離對方，以這些方式來拒絕痛苦，你就會備受折磨。如果你否認自己的痛苦，痛苦就會持續下去，因為你會在伴侶身上看見它，對方會反過來把它投射給你。有一件事是可以肯定的：在能夠直面、接受並意識到痛苦之前，你無法獲得內心的平靜。**痛苦是有侷限的，而不是無限的。當你將無限的意識投入其中，就能看穿它的侷限，創造出「超脫痛苦」的奇蹟。**

自以為是：堅持對錯只是一種「自我防衛」

「自以為是」的需求，支撐著一切人際衝突。

「只有做了才會知道。但說不定痛苦背後有東西在等著你，那是真正有價值的東西。」

「也就是說，如果我直面一無是處的感覺，走過你說的這些步驟，就能讓我們的性生活重回正軌？」布拉德問道。

「說實話，我也不知道，」我承認，「我做的這一行不是解決問題。」

「對，這個我知道。但從理論上說，這麼做能不能幫我們的性生活重回正軌？」

「正軌是什麼？」

「呃，你懂的，兩個人剛在一起的時候，隨時都恨不得扒光對方。我和珍妮特都等不及把衣服先扒了——有時候，我們整個週末都會賴在床上！」

「對，直到你開始把平板電腦帶上床。」珍妮特提醒丈夫。

「那是因為你開始想要『歇一歇』了。突然之間，你總想多睡一會。」

「因為我懷孕了啊！我們有了孩子！然後，錢的問題也冒出來了！抱歉，無法滿足你的需求——我還有兩個孩子要考慮呢！」

「我賺的錢夠花了。」布拉德一口咬定。

「大部分都花在你買的電動上。」他妻子立刻反駁。

「瞎說！你才是那個把錢都花在孩子身上的人。你老是買他們從來不玩的玩具，還有他們根本不需要的衣服，只為了向公園裡的其他媽媽炫耀。」

「那你呢？總是買一些沒有用的影片，說是能開發他們的大腦——你只是想催眠他們，讓他們坐在電視機前一動不動，這樣你就不用照顧他們了！你拿那些東西當電子保母！」

「那些都是科學家設計的，能促進兒童的大腦發育，讓他們在未來教育中領先一步。」布拉德還在嘴硬。

「科學家設計的，讓他們對電視和電腦螢幕上癮？你雖然不是什麼運動天才，但也不表示要在孩子上幼兒園前，把他們變成書呆子啊！」

我清了清嗓子：「布拉德，珍妮特……」他們都停下來看著我，「辯論俱樂部每週六有聚會。如果你們想去那裡繼續辯論……」

「抱歉。」珍妮特好脾氣地說。

「哦，對不起，博士。」

「我不是博士。」我再次提醒他。

「噢，對，呃，我也不是書呆子。」他嘴裡嘀咕著。

「照你們的說法，你們每週要吵幾次？」

「太多次了，都數不過來。」珍妮特說。

「通常都吵什麼？」

「你提到的四點：性生活、金錢、孩子和雙方父母。」布拉德說。

「除了這些，你們還會吵什麼？」

「沒有什麼是我們不吵的！」珍妮特大聲說，「來這裡的路上，我們還在吵走哪條路最好。昨天，我們為了怎麼看哈密瓜熟了沒而大吵一架。不管說什麼事，我們都看不對眼。」

「也沒那麼糟啦！」布拉德提出反對。

「看見我說的了吧？」

「那兩週前呢？——那時，你們在吵什麼？」我問。

「兩週前？」布拉德似乎吃了一驚，「誰還記得那麼久以前的事啊？」

「你們吵架了嗎？」

「嗯，我敢肯定，我們為什麼事吵了一架。」

「你們為什麼吵的架？」我不屈不撓。

「嗯……讓我想想……你還記得嗎，珍妮特？」

「依我看，它們都融進了一場漫長的爭吵——我也不記得具體細節了。」

「你的意思是，細節不重要？」我問。

「呃，它們在當時很重要，不然我們也不會吵得那麼凶。」

「怎麼看哈密瓜熟了沒——這種事有那麼重要嗎？重要到必須大吵一架？」我問。珍妮特哈哈大笑，布拉德也不好意思地笑了。

「聽你這麼一說，還真是好傻。」

「在外人聽來，吵架都很傻。」

「每次我和布拉德吵起來，女兒都會對我們翻白眼，說：『他們又來了。』兩個孩子都會用手堵住耳朵。」

「說實話，你覺得你們到底在吵什麼呢？」我接著問。

「我也不知道。」她承認，「我們似乎是在故意惹對方發火。有時候，我們還沒回過神來，就開始吵是誰忘記關車庫門了。」

「是你。」布拉德的語氣充滿責備，「你是最後一個開車的。」

「我關了！」珍妮特一口咬定，「你扔垃圾的時候又開了門。」

「後來你又——」

「夥伴們，夥伴們！」我打斷了他們，「你們吵夠了沒？你們首先要知道一件事，對很多伴侶來說，吵架就像賭博上癮的人玩輪盤賭——這是一種難以拒絕的強迫行為。也就意味著這麼做是無意識的。除非你們對自己的強迫行為增強意識，否則會難以自拔。」我暫停片刻，讓他們認真思考，然後換了個說法，「**吵架是一種強迫行為，包含三個特點：一是拒絕出現的不適感，二是爭奪權力和控制權，三是需求**。最後這一點讓你們關注爭吵的細節，讓細節看起來特別重要。與此同時，你們的防衛機制在爭奪控制權，試圖控制自己的不適感──還有那個似乎導致你覺得不舒服的人。」

「但如果吵架是無意識的強迫行為，我們怎樣才能消滅它？」布拉德問。

「你可以想想，有沒有什麼比『自以為是』更重要。」

「比如什麼呢？」

「我個人比較喜歡說『真相』，但既然你們來這裡是做親密關係諮詢的，我就大膽一點說，**關係融洽更重要──那是真正的融洽，而不是妥協。或者說是幸福──真正的幸福，內心的平靜**。如果你們想要實在一點的，那做孩子們的榜樣怎麼樣？他們在觀察你們做每件事，那為什麼不做他們的好榜樣，向他們展示什麼是開誠布公的溝通，而不是只為自己著想，只在乎自己是不是對的？」

主題11：自以為是

這個主題顯示，當你試圖證明伴侶是錯的時候，你和他的感情就會漸漸疏遠。「**證明伴侶是錯的**」**這種欲望，是由你內心深處昔日的痛苦和罪惡感觸發的**。兩個人在一起久了，自然而然會體驗到更深刻的感受。這些感受中有很多是傷痛，但那只是人類經歷的一部分。人們誤認為自己會受傷害，肯定是因為做錯了什麼。因此，通常會有罪惡感伴隨這種不適產生。當舊日的傷痛浮現時，你會透過讓伴侶產生罪惡感來保護自己，免得自己產生罪惡感。因為每當我們產生罪惡感時，就會出於本能地認為自己會受到懲罰。「我永遠是對的」是你的自尊給罪惡感開的解藥。當你認為「我永遠是對的」最重要的時候，就會發現，你不但需要證明伴侶是錯的，而且自己也不開心。**透過證明伴侶是錯的，你就在捍衛自己「正確立場」的同時，製造出了敵人和戰場，同時澈底排除了建立融洽關係的可能性。**既然如此，你只希望證明自己是對的嗎？還是說，你更希望和伴侶相處融洽？

無論感性或理性如何支持你的立場，你希望「我永遠是對的」的唯一理由，就是出於自我防衛，以避免暴露自己的弱點。但如果你迴避自己的弱點，就永遠不會有機會面對它，也就無法看到它背後隱藏的神奇力量。

實用指南

想想你和伴侶最近爆發的一次衝突，回答以下問題：

- 你是否投入了大量精力證明自己是對的、伴侶是錯的？是＿＿否＿＿

• 當對方不同意你的觀點時，你是否更加火冒三丈？是——否——

• 你是否承認自己錯了並道歉，試圖操縱對方承認是他錯了，或是阻止雙方繼續吵下去？

是——否——

• 如果你承認自己只是出於自我防衛，你會有什麼感覺？

羞恥或尷尬——悲傷——罪惡感（感覺糟糕）——

脆弱——無力——無助——其他——

如果你抵制住了「自以為是」的誘惑，卸下了心防，就能感覺到自己的弱點，充分意識到它，最終找到內心的平靜、喜樂和愛——這些才是你真正的本性。**堅持「我是對的」不需要勇氣，只需要固執和恐懼。**請冒險一試吧。向伴侶坦承你只是在自我防衛，承認你把「我是對的」看得比真相更重要。

【注意事項】

你的伴侶可能不會立刻放棄自己的立場，這也許會導致你退回「自以為是」的安全狀態。你的任務是直面並看穿自己的痛苦和罪惡感，而不是改變你的伴侶。關鍵在於，你**是想堅持自己是對的，還是想找到幸福。**

依附：找回真正的自由

所有痛苦都源於依附，所有依附都源於需求。

「你還記得嗎？上次來的時候，聊到了我們的父母。」兩個人剛剛坐下，蘇珊就問我。

「當然記得。」我回答。那是幾個月前的事，但在他們來之前，我已經看過上次做的筆記了。

「他提到，我就像隨時可能爆發的火山，你還記得嗎？」

「記得——就像你爸爸，只是沒那麼厲害。」

「對。呃，我想，真正的問題在於我體內的火山。它總是盯著桑傑。我是說，我工作的時候非常冷靜，也很有耐心。我跟每個人都相處得不錯，也滿開朗的。但是一回到家，我的關注點就全放在了他身上。我追著他滿屋子轉，只希望他能注意我。如果他沒有這麼做，我就會火山大爆發。我就會像個兩歲大的小屁孩，對別人亂發脾氣。」

「這種情況一點也不少見。」我安慰她說。

「沒錯，但他跟我不一樣。他一心撲在他的愛好上，或者上上網，看起來滿開心的。他不需要關注我——似乎也不想關注我。」

「很有可能他也在關注你，就像你在關注他一樣，只是從外表看起來不一樣。」

「不是所有戀愛關係都是這樣嗎？」桑傑問道。

「我不喜歡說得那麼絕對，桑傑，因為每段關係都有與眾不同的地方。不過，在我遇到過的戀愛關係中，人們的做法有一些共性，其中之一就是會出現情感融合。我是生命教練，不是心理學家，也不是精神科醫師，所以只能用外行人的方式解釋一下。**情感融合發生在伴侶對彼此的特殊需求愈來愈多的時候。**蘇珊，你有你的朋友和同事，希望你在他們眼中很特別。但桑傑代表了你更深層的需求——就像他能觸及你內心最深的地方，你長大後再也沒有碰過的地方。所以，你自然會用一種近乎原始的方式做出反應。」

「是很原始。」桑傑發表意見，「相信我，她就像個真正的野蠻人！」

「但為什麼桑傑沒對我野蠻一點？」

「我是印度人，又不是野蠻人。」

「是英國殖民統治下的印度——至少你可以像中世紀的人那麼野蠻吧。」

「你們可以把親密關係看成是單一有機體，由兩個不平衡的獨立有機體融合而成。它們在尋找平衡，同時相互映照，就像陰和陽。」

「你的意思是，夫妻是對立的？」

「從表面上看似乎是的。也許他看起來更獨立，你看起來更依賴。也許他看起來更積極，你看起來更消極——也可能恰恰相反。有成千上萬種不同的模式，夫妻雙方看起來就像兩個極端。這讓你們有很多東西可吵。但如果兩個人不是彼此依附，是不可能出現情緒融合的。**只有你希望對方滿足自己最基本的需求時，依附才可能出現。**蘇珊，你公開表達這種需求，比如提出要求、引起關注、大發脾氣，而桑傑更冷靜，也更保守，也許可以說是冷淡。不過，不要被表象迷惑了，桑傑也有同樣的需求——只要你學會拋開自己的需求，就會看得清清楚楚。」

「這個說法真有意思，」蘇珊想了幾秒鐘後說道，「在我們處得很好，出去玩或者聊天的時候，我總愛捶桑傑的肩膀或胸口。他跟我開玩笑，我就打他。出於某種原因，我從幾週前就不這麼做了。結果有一天，他走過來對我說——」

「你不愛我了嗎？」桑傑替她補完了後半句，兩個人都笑了起來。

「特殊關係就等於特殊需求。為了在彼此眼中顯得特別，你們必須透過需求進行情感融合。**當依附被誤認為是愛的時候，婚姻就變成了牢籠。**」

主題12：依附

因為親密關係通常都源於需求，所以你和伴侶會彼此依附，這是可以理解的。如果你覺得口渴，某個壓水泵是解渴的最佳方式，你肯定會緊緊地抓住手柄！即使拚命壓水也只能流出幾滴，你還是會緊緊地抓住它不放。

隨著你們愈來愈依附對方，你會愈來愈容易受伴侶說的話、做的事或沒做的事的影響，因為對方的言行，暗示著你的需求能否得到滿足。伴侶也會對你的一言一行有所反應，只不過具體做法可能跟你不一樣。

請記住，任何人、任何事都不能阻止你獲得自由和幸福。牢記這一點，可能會對你有所幫助。不是說你不應該依附。你像其他人一樣，需要受重視和歸屬感，相信這一點可以透過外物——也就是透過某個人、某件東西，或世界上發生的某件事來實現。如果需求沒有得到滿足，你仍然會堅持原有的信念，相信可以從外界獲得滿足感，緊緊地依附自己假定的滿足感來源。最終，這只會導致更多的失望和痛苦。

只要你依附某人、某物，就會有不安全感。需求本身倏忽無常、難以預測，不知不覺間便受到了它的影響。只要是人，都會對某人、某地、某物形成依附，但擺脫這種依附也是一種人類體驗，因為你從本質上來說是靈性的存在，生來就是自由的。**只有當你擺脫依附，才能「找回」真正的自由。**

實用指南

下面列舉了一系列在親密關係中形成的依附。看看你能不能從中認出自己緊抓不放的東西。為了簡單起見，你只需要在下面的兩個句子裡挑一個，用提供的詞語將句子補充完整。

句子1：「我喜歡從伴侶那裡得到＿＿＿＿＿＿＿。」

積極關注	定期親熱	讚賞
共度美好時光	外表的吸引力	尊重
認可我的貢獻	同情	理解
積極強化	讚美	

句子2：「我喜歡伴侶＿＿＿＿＿＿＿。」

記住特殊紀念日	守時	保持身材容貌
表示他想要（愛）我	不出意料	給我驚喜
提供良好的生活方式	強大	總是站在我這邊
可靠	溫柔	欣賞我

其他＿＿＿＿＿＿＿

現在，請坐下來，按照以下步驟操作：

1 選擇你最希望應對的依附。
2 在腦海中構建一幅景象，想像在受到依附影響、試著滿足自身需要時，你看起來是什麼樣子。想像你站在自己面前。
3 關注你的眼神和肢體語言，關注你的需求、恐懼，或不安全感。請注意，在感受到依附時，你並不開心。從某種程度上說，你正在忍受煎熬。
4 現在，想像一下你擺脫了那種依附。盡可能具體地想像你臉上的表情和眼中的平靜、喜樂。
5 這個更「真實的自我」會怎麼和伴侶展開互動？
6 現在，想像一下這個「你」轉過身去，然後坐回你的位置，完全融入你體內。

這個練習是為了開啟一個過程。在這個過程中，當依附影響到你的感受和對伴侶的看法時，你更能清楚地意識到這一點。當你繼續平靜地意識到這種依附，意識到構成它的恐懼和需求時，它最終將失去對你的控制。

就個人來說，你無法拋開或擺脫依附，但你的意識可以照亮它們——那束光亮是虛假事物難以承受的。隨著意識的不斷提升，依附會減弱乃至消失。

第二階段：幻滅

探討在親密關係幻滅階段出現的權力鬥爭、溝通障礙和正反極端的成因。

對親密關係中的衝突和障礙做出有益回應。

尋求幫助：認清問題背後的內心感受

迷路的時候，掏出指南針永遠是個好主意。

「特殊關係就等於特殊需求。為了在彼此眼中顯得特別，你們必須透過需求進行情感融合。當依附被誤認為是愛的時候，婚姻就變成了牢籠。」

「對於你說的這些，我有兩個問題。」蘇珊說，「首先，我們只是普通人，不是聖人，不是天使，也不是其他類似的東西。你不能指望我們拋開所有的需求和依附。其次，我和桑傑真的很感激你指導我們走完整個過程，但在日常生活中，也就是真正的問題突然冒出來的時候，你又不在場，你怎麼能指望我們完全靠自己衝破牢籠呢？」

「首先，我不指望你們做任何事。」我向她保證，「我知道你們會竭盡全力，根據自己的智慧和情緒成熟度做到最好。如果你們不盡力，是不可能做到的。其次，你們並不只是人。不管你們在進入這個身體前是什麼……我也不知道你們會怎麼稱呼自己，但它絕不是人。你們的親密關係，可以成為幫助你們意識到自己『不僅僅是人』的重要資源。」

「可是，」蘇珊還在堅持，「我還是希望你能跟我們一起住一個月，指導我們走過這個階段——也就是推我們一把，你懂的。」

「我們的公寓太小了，蘇。」桑傑插了一句。

「這引出了我想說的第三點。」我說，「如果我們能覺察到自己內心擁有的海量資源，就不會覺得需要老師、諮商師或教練的持續指導了。事實上，我們不需要任何人的指導。」

「我這裡明白，」蘇珊指了指自己的腦袋，「但似乎就是找不到它。我每天晚上都會祈禱，祈禱自己能擁有智慧，洞悉一切。但第二天早上醒過來，我還是像第一天一樣，又瞎又傻！」

「這就像你左手拿著漢堡，右手卻伸出去向人乞討。」我說，「或者是拿著素食漢堡。」我補了一句，因為桑傑是素食人士。

「看見了嗎？我需要你告訴我們這些。」蘇珊還在堅持。

「真正對你有幫助的是，弄清『尋求幫助』意味著什麼。」我回答。

「那它到底意味著什麼呢？」

「首先，『尋求』這個詞相當微妙。它往往跟『需求』這個概念交織在一起，意味著你感覺自己不完整，必須向外界乞求什麼。這對人來說是很正常的，因為人本身就是不完整的。作為一個人，我們需要食物、溫暖和庇護所等。但就像我前面說的那樣，如果我們不是人，而只是寄居在人體內呢？那我們是什麼？這只是打個比方——我不是想引起哲學討論。

「我是說，如果你覺得自己是——我討厭這個說法——一個擁有人類體驗的靈性存在，那麼當你需要日常指導時，只需要召喚自己原本就有的智慧即可。」

「你的意思是，向我自己祈禱？」蘇珊問。

「我的意思是，召喚你的自我。」我解釋說，「在我看來，這才是『尋求幫助』的真正涵義。」

主題13：尋求幫助

這個主題，指向你感覺在親密關係中缺失的某個方面。你已經試過所有能想到的方式，但就是找不到突破障礙的方法。不過，這會幫你意識到，解決問題的方法存乎於心，你只是沒有朝正確的方向尋找真正的指導泉源。也許你通常會靠理智尋找解決方案，但這受到「我是誰」、「我是什麼」這些念頭的限制。當涉及感情問題的時候，理智、理性和邏輯都無法解決位於你一切信念核心的非理性情緒。因此，理智會使問題變得比實際上更錯綜複雜，同時讓你相信自己比實際上更渺小、卑微！

理智還會讓你專注於搜尋（有時甚至是瘋狂地搜尋）某些事去「做」，同時讓你相信自已早該想出解決方案了。由於你還是不知道該怎麼辦，最終只會感到既沮喪又困惑。這個時候，你就會向某些神祕力量尋求幫助。然而，試圖靠理智尋找解決方案，或者召喚某種外界力量，實際上你是在切斷與內在更高、更智慧的來源之間的連結，那就是你的本質。你的本質要比你聰明得多。如果你習慣了透過直覺和常識思考問題，它就會帶你度過艱難時期。

實用指南

儘管從理智上看，這麼說似乎有點荒謬，但「什麼也不做」也許能成為你擺脫當下困境的關鍵。直覺是這樣發揮作用的：

1 認清問題所在，弄清它讓你的內心有何感受。

2 向你的本質尋求幫助，不管你是用什麼詞稱呼它的。

3 下定決心，在你意識到明確前進方向之前，什麼也不做、什麼也不說，直到你停止試圖解決問題，停止尋找指導，停止試圖傾聽自己的直覺。

4 盡可能放鬆。不要專注於問題本身，花點時間做個冥想，或者乾脆專注於呼吸。開開心心地散個步，做點有創意的事，鍛鍊身體、練瑜伽、打太極、跳跳舞。找點樂子吧！

5 當頭腦試圖把你拉回問題本身時，再次把注意力放在自己的本質上，聽從它的指引。你也可以對自己說：「在你告訴我該說什麼之前，我什麼也不會說。在你指明下一步該怎麼走之前，我什麼也不會做。」

6 拋開頭腦對問題的痴迷，透過放鬆和信任讓自己變得開放、包容，隨時樂於接納意見。為了能聽見自己內心微弱的低語，你只需要做這個準備就夠了。將自己置於善意的指導之下。一旦你準備好接受自己敞開心扉等待的幫助，該說的話、該做的事，自然而然就會浮現。

此外，你也可以這麼想：不管你選擇哪條路走，都會發現外界在強化這條路。如果你邁向恐懼，外面的世界看起來就會構成威脅。但如果你邁向真正的幸福，外面的世界就會支持這種體驗。因此，**真正的「尋求幫助」就是願意發現已經存在的幫助！**

兩極：你本性的另一面

只有一個電極的電池根本無法使用。只從一個角度看待生活的人，無論是從積極角度還是消極角度，都是盲目的。

「那為什麼不做他們的好榜樣，向他們展示什麼是開誠布公的溝通，而不是只為自己著想，只在乎自己是不是對的？」布拉德和珍妮特去夏威夷度了三個星期的假，這是他們出發前，我對他們說的最後一句話。然而，布拉德這次的開場白，讓我覺得上一次諮詢似乎就發生在昨天。

「好吧，你想讓我開誠布公地說出我的問題嗎？」布拉德問我。

「就是我，對吧？我就是你的問題！」珍妮特插嘴。

「對！啊，不對！我是說，我的問題是你總是悶悶不樂！」

「我才不是呢！」

「跟我在一起的時候，你就是。」他轉身看著我，但我示意他直接對妻子說，於是他換了個姿勢，面對妻子，「你不是情緒低落、滿口抱怨，就是大發脾氣，說我這不好、那不好。似乎什麼事都值得你小題大做一番。有時候，我只想讓你放輕鬆一點。你是我認識的唯一一個到了夏威夷還不開心的人！」

「那你呢，白日夢先生？你總是無視我們身邊發生的事！每次我想說說我的感受，你總是那麼理智，那麼理性！」

「我知道你的感受！你總在說你的感受：那麼糟糕……那麼絕望……你為什麼總是那麼悲觀？」

「為什麼你總是那麼傲慢？就像你高人一等似的！似乎沒有我，你會過得更好、更開心。就像你總是陽光普照，我總是陰雨連綿。我不只是感覺糟糕！我的感覺比這多多了！」

「我說的是糟糕又絕望——又不只是糟糕。」布拉德糾正她。珍妮特沮喪地尖叫起來。雖然辦公室的四面牆和天花板都裝了隔音設備，但我確信周圍辦公室的人，都能聽到這聲尖叫。不過，我心想：沒關係，他們早就習慣了。

「你看起來頗得意的嘛，布拉德。」我指出。

「我？沒有啊。」

「你臉上帶著笑呢。」

「那是因為他喜歡我像這樣失控——就好像他證明了自己的觀點，贏了這場辯論。」

「我相信你會記在心裡，以後會讓他付出代價的。」

「說得沒錯！」珍妮特也露出了微笑。布拉德臉上閃過一絲擔憂，就像烏雲飄過，遮住了太陽。

「那麼，布拉德，你覺得珍妮特總是不開心。珍妮特，你認為布拉德是個盲目的樂天派。我說得對嗎？」

「除了我們吵架的時候。」珍妮特點點頭。

「除了她逼我跟她吵的時候。我告訴你啊，她真懂得怎麼毀掉我的好心情。」

「她在家裡通常都是這樣嗎？」

「就像我剛才說的，她不是滿口抱怨，就是說三道四。她的生活就像一場鬧劇。」

「總是這樣？」我皺起眉頭，滿腹狐疑地問。

「不，不是總這樣。她跟孩子們處得很好──」

「對她說。」我朝珍妮特的方向抬了抬下巴，建議他這麼做。

「你跟孩子們處得很好，珍妮特。他們找不到比你更好的媽媽了──你陪他們玩得很開心。我相信你在『閨密之夜』跟朋友出去玩的時候，肯定是派對焦點。但跟我在一起……」

「說實話，最近的『閨密之夜』都不怎麼好玩。」她承認，「大多數時候，我們只是坐在那聊男友或丈夫。」

「聊天？」我問。

「對啊。呃，主要是抱怨……」

「那麼，你覺得你們的婚姻出問題了。」我慫恿她繼續往下說。

「這就是我們為什麼會來這，不是嗎？」珍妮特說。

「我可不覺得，」布拉德表示反對，「我覺得我們的婚姻很美滿，只是你總是不開心。我肯定是原因之一，但我真的不知道我哪方面做得這麼差，讓你這麼不開心。不管怎麼樣，我都想幫幫你，讓你感覺好起來。」我突然意識到布拉德的態度是被動攻擊，決定在珍妮特被他的屈尊俯就惹到發飆之前盡早干預。

「你們是兩個極端，」我說，「至少看起來是這樣。珍妮特，聽起來你特別消極，布拉德特別積極。」

「這還不明顯嗎？」布拉德嘴裡嘀咕。

「珍妮特，你作為消極的一方，更能意識到自己的不適和不滿。你把它看成是自己的問題——覺得自己有什麼地方出了問題，然後把它投射到了婚姻中。於是，在你看來，是婚姻出了問題。布拉德作為積極的一方，拒絕接受自己的不適感，否認自己或婚姻存在任何問題。好吧，也許他覺得有一個問題，那就是你。在他看來，如果你能開心一點，一切都會好起來——在他眼中，這就意味著加入他的行列，跟他一起處於『樂觀否認』的狀態。」

「我才沒有否認呢！」布拉德立刻反駁。

「真的嗎？」我對他微微一笑，「你前幾次諮詢一直在抱怨自己的婚姻，但幾分鐘前，你又說你覺得婚姻美滿。在我聽起來，這很像是否認喲。」

「而你呢，珍妮特，」我繼續說道，「你希望他看到問題是真實存在的，希望他能直面你說的『現實』。現在的實際情況是，有些舊日傷痛開始浮現——」

「噢，別又是那套老調重彈！」布拉德疲憊不堪地插了一句。

「**邁向情緒成年的機會，通常會以舊日傷痛的形式出現。**這在你們兩個人身上都出現了。但消極的一方會首先意識到，並做出消極反應——這麼做是錯的。積極一方的反應，則是努力擺脫不適感，試圖用『樂觀否認』掩飾它的存在。這麼一來，他就能說服自己，是態度消極的伴侶有問題，而不是自己有問題。順便說一句，這種情況可以持續好多年——甚至是一輩子！」

「我才不要下半輩子也這麼過呢！」珍妮特說，「我寧可離婚。」

「我也是。」布拉德表示贊同。

「這是一種選擇。另一種選擇是利用這個機會，邁向情緒成年。你們覺得你們的孩子會喜歡什麼樣的父母？」

「我們怎麼才能邁向情緒成年呢？」布拉德問。

「你們可以從把自己想像成電池做起。」

主題14：兩極

面對突然冒出的問題，處於親密關係中的兩個人，往往會選擇極端的觀點。問題出現的時候，焦慮感或煩躁感也會隨之而來。這個時候，你們中的一個人會選擇「積極」的觀點，希望立刻找出解決方案，否認問題的嚴重性，避免感到不適，甚至可能根本意識不到不愉快的感覺。積極的一方喜歡類似這樣的格言：凡事不要小題大做；別去關注它，它就會消失；明天早上一切都會好起來；每天我都會愈來愈好。

作為積極的一方，你會認為伴侶總愛小題大做，誇大實際問題，甚至相信唯一的問題就是伴侶本人。

如果你扮演的是「消極」伴侶的角色，你就會審視問題的每個細節，沉溺於隨之浮現的負面情緒。你會老是想著情況有多糟糕，認為問題難以解決，因此陷入沮喪，甚至不知所措。你覺得毫無希望、沒有出路，你的「積極」伴侶提出的解決方案不是不夠好，就是會引發其他問題。

就這樣，你們一個人選擇否認、疏離、逃避，另一個人則沉溺其中、誇大問題、糾結不安，親密關係中出現了顯而易見的緊張局面。這是兩種看問題的方式相互作用導致的。

「積極」與「消極」不是親密關係中僅有的兩個極端。除此之外，還有「內向」與「外向」、「思考型」與「情感型」、「抽象」與「邏輯」、「依賴」與「獨立」。跟你相反的極端也是你本性的一部分，只是你為了取得單一認同而捨棄了它。只要你願意設身處地地為對方著想，從對方的角度理解他的世界觀，就能體驗到更深刻的親密感。這能消除導致許多關係陷入泥沼的隔閡感，甚至是敵意。

當你再也看不到對方的價值時，親密關係中就會出現隔閡。當你意識到對方的觀點只是自己的另一種看法時，情況就會出現美妙的轉變。

實用指南

從下面的詞語中，找出你和伴侶經常發生衝突的領域。用1到10個數字打分，表明衝突可以變得多激烈，10分表示最激烈。

性愛＿＿＿＿ **孩子**＿＿＿＿ **金錢**＿＿＿＿ **父母**＿＿＿＿

家務分配＿＿＿＿ **個人習慣**＿＿＿＿ **外貌**＿＿＿＿

親密接觸＿＿＿＿ **社交行為**＿＿＿＿ **衛生**＿＿＿＿

根據下面的標準，在每個數字旁邊寫出你傾向於持何種態度，是積極的（用P表示）還是消極的（用N表示）。

積極	**消極**
理性	情緒化
忽略自己的感受	深陷自己的感受
理智（邏輯）	感受（直覺）

否認擔憂	誇大擔憂
縮小重要性	放大重要性
「樂觀主義」	「現實主義」

儘管「積極」的一方看起來似乎是更理想的選擇，但實際情況是，雙方攜手合作，找出中間路線，才能對衝突或問題做出最恰當的回應。如果你願意讓伴侶做你的老師，就能重新找回自己缺失的部分，也能更清楚地看見自己完整的本性。

如果你想體會這種融合，請認真審視你的伴侶看待事物的方式，就像你是個學習理解生活新方式的學生。向伴侶提出一些問題，弄清楚對方的觀點和內心感受。這麼做的關鍵在於敞開心扉，樂於學習，從而拓展你的理解能力，找回你缺失的部分。

不要掉進陷阱，誤認為只有一個觀點是正確的——**只有在兩個極端相互融合的過程中，你才能體驗到真正美妙而親密的「連結」**。如果你是積極的一方，會從瞭解消極伴侶的感受中獲益。你可以回憶起自己有同樣感受的時刻，重新召喚出自己內心同樣的感受。如果你是消極的一方，這有助於你放鬆下來，樂觀地看待目前的情況。當你毫不抗拒地傾聽伴侶分享觀點時，你的觀點就會漸漸與對方的觀點融合，進而消除你們的隔閡。這種隔閡狀態其實才是問題的根源。

權力鬥爭（溝通）：開誠布公，卸下心防

在權力鬥爭中，每個人都是失敗者。

在諮詢過程中，蘇珊和桑傑展現出了一種行為模式。桑傑會進入封閉狀態，拒絕開口，這反過來會刺激蘇珊大聲攻擊、批評他。今天，引發這種行為模式的是家務事上的分歧。

「蘇珊，」我盡可能溫和而堅定地打斷了她，「你真的認為把手伸進兔子洞，試圖抓住兔子的耳朵，就能讓兔子乖乖從洞裡出來嗎？最後的結果很可能是被兔子咬傷。」

「呃，那我還能怎麼做？」她問道，嗓音還是相當尖厲。

「說出你的真實感受，這麼做可能會有幫助。」

「我一直在告訴他我的感受啊！我總是告訴他，溝通是相互的，但他只會逃跑，鑽進他

的殼裡——就像現在這樣。」

「在我看來，他現在說得滿多的，」我邊說邊觀察桑傑的肢體語言，「**在親密關係中，溝通始終在進行，即使你們都沒有開口。**」

「噢，她總是說個不停，」桑傑氣呼呼地說，「總是告訴我哪裡做錯了，要不就是我該怎麼做。」

「胡說！我只是叫他別拿擦馬桶的海綿清理洗手台！」

「我擦完馬桶以後馬上就洗乾淨了，女王陛下！」

「你怎麼知道把所有細菌都洗掉了？你這白痴！」她激動起來，準備開始長篇大論。桑傑顯然又準備逃跑了。於是，我迅速打斷他們，高舉雙手，引起他們的關注。

「如果你們願意，我們可以試試別的溝通方式——也許可以用更……」我努力尋找合適的詞語，「更有效的方式。如果你們想要各執一詞、堅持自己是對的，吼叫和逃避也許是有效的溝通方式。但**權力鬥爭永遠不會帶來讓人滿意的結果——它的目的是自我防衛和控制對方，而不是敞開心扉，建立更深層的連結。**」

「哼，至少我說出來了！」蘇珊咆哮著，咄咄逼人地抱起了雙臂。

「進入權力鬥爭很容易，難的是開誠布公、卸下心防、交流感受。」

「我一直在告訴他我的感受！」她固執地一口咬定。

「真的嗎？你有沒有想過，你可能正深陷情緒困擾，希望他對你的不適或痛苦負責？」

「我聽著像是。」桑傑嘟囔著，仍然氣呼呼的。

「桑傑呢，」我轉身看著他，繼續說道，「有沒有可能你也在做同樣的事，只是你在用肢體語言靜靜地傳遞資訊？」他再次陷入了封閉狀態，一臉憤慨。這時，蘇珊開口了。

「情緒和感受有什麼區別？」她問道，顯然經過了一番深思。

「**所謂的『消極』情緒是一種反應。當我們意識到自己脆弱的一面時，就會試圖表達、釋放、推開或壓抑產生的不適感。**憤怒是最容易識別的消極情緒。除此之外，還有悲傷、焦慮、罪惡感……也許還有恐慌——」

「那感受呢？」

「感受會比較安靜一些——從某種程度上說，它是靜態的。孤獨、無力、嫉妒、空虛、無足輕重……脆弱感可能是由十五到二十種人類核心的感受構成的。」

「就沒有積極的感受或者積極的情緒嗎？」

「當然有啊，但它們不是權力鬥爭背後的東西。權力鬥爭才是我們現在要處理的問題。我們就拿擦馬桶的海綿為例吧。請別打岔，我知道這個故事，也知道你們各自的立場，不需要再聽一遍了。你們只需要簡單地回答：桑傑，如果要描述你對這件事的感受，你會說感覺自己被拋棄了嗎？還是說一無是處？痛苦心碎？——我的意思是，特別失望？」

「一無是處。」他想了幾秒鐘後低聲說。

「那你呢，蘇珊？」

「特別失望，覺得我一無是處。」她立刻回答。

「你覺得哪種感覺更強烈？」

「呃，有時候是失望，但現在是覺得我一無是處。」

「那麼，當你覺得自己一無是處的時候，會透過憤怒向桑傑發動攻擊。桑傑，當你覺得自己一無是處的時候，會逃避並在身邊豎起憤怒的盾牌。然後，你們會展開權力鬥爭——順便說一句，**權力鬥爭就是兩個人在進行自我防衛。**」

「你這麼說是什麼意思？我們應該停止生氣？」蘇珊略帶挑釁地問道。

「我覺得這不現實。等你們厭倦了憤怒和權力鬥爭這種無聊的行為模式後，也許可以試著負責任地表達自己的不適感——不要抱怨，也不要設防。」

「那聽起來才不現實呢！」

「不，」我向她保證，「只是真的很難做到，但是真的很值得。」

主題15：權力鬥爭（溝通）

這個主題關注的是親密關係中，你愈來愈不贊同伴侶言行的那個階段。這個階段被稱為「權力鬥爭」。在這個階段，人們傾向於逃避或與伴侶爭鬥，試圖改變對方，因為對方的行為讓自己感到不適。其實，這種不適感是因為舊日傷痛重新浮現，你無意中進入了童年時期形成的自我防衛模式。

當你還是孩子的時候，對受重視和歸屬感的需求沒有得到滿足，因此體驗到了失望的痛苦——那是沮喪和挫敗、一無是處、被人拋棄的混合體。為了戰勝痛苦、滿足需求，你採用了「吸引關注」的做法，試圖逼迫父母滿足自己的需求。當「吸引關注」沒有成功時，你覺得自己無足輕重，遭到拒絕的痛苦會愈加強烈。於是，你進入了權力鬥爭，將憤怒作為主要武器。不久之後，你的憤怒（以逃避、攻擊或被動攻擊的形式表現出來）會變得自然而然，讓你忘了引發這種反應的其實是內心的沮喪。

昔日的痛苦經歷塑造了你的核心信念——這是人類體驗的一部分。為了弄清楚自己到底是誰，你必須直面這些信念，意識到它們在阻礙你瞭解自己的本質。透過權力鬥爭，你的伴侶幫你意識到了這些尚未釋然的痛苦，以及在痛苦體驗中形成的信念，這些信念會對你造成限制。

溝通是安然度過權力鬥爭的有效方式。透過開誠布公的溝通，你可以讓隱藏的痛苦重新浮現，用同情、理解、接納的態度看待它們。然而，你如果選擇與伴侶開戰，不但拋棄了直面並轉化痛苦的機會，還會增添新的痛苦和罪惡感。現在，是時候放棄權力鬥爭，交流問題背後真正的痛苦所在了。

實用指南

你可以透過坦率地回答以下問題，坦然地接受自己目前的情緒成熟度，開啟真正的溝通過程。

1 你有多願意致力於找出和平解決的方案，獲得內心平靜，與伴侶更加親密，又有多願意自衛自保，免得面對自己的痛苦？

有——%願意追求和平

有——%願意自衛自保

2 你有多願意敞開心扉，將伴侶視為幫你意識到內心舊傷的人，又有多願意將伴侶視為自己受傷的原因？

有——%願意將伴侶視為助力

有——%願意將伴侶視為自己不適感的成因

3 你有多願意直白、坦率地說出這種傷害，不妄加評判，也不做分析，又有多願意分析自己的感受及其來源，而不是真正地表達這些感受？

有——%願意直接表達感受

有——%願意分析情況或編故事描述感受

上述問題的答案，會提示你如何為展開真正有效的溝通做準備。如果你處於準備初期，不妨先寫下自己想要的溝通方式，而不是馬上找伴侶交流。不管你選擇哪種方式，以下是一些基本步驟：

1. 透過表達感受，識別自己的不適感。只需要簡單地表達目前的情況讓你有什麼感覺。你可以先表達自己最初感覺到的情緒，比如：「**我的伴侶，當你說出這些話的時候，我感覺很惱火，然後變得很憤怒。我想，我是對自己最初感覺到的東西做出了自我防衛。在表層的憤怒之下，我意識到我感覺到＿＿＿＿。**」（請注意，不要說「我感覺像是＿＿＿＿」或者「我覺得就像＿＿＿＿」。這種表述會讓你無法直接體驗並表達真實的感受，例如沒有人愛、無足輕重、遭到拒絕、絕望、無力、氣餒、恐懼等。）
2. 當你開始體會到這種感覺時，回想自己過去的經歷——你是從誰那裡第一次體會到這種感覺的，這種感覺強化了你什麼樣的信念。
3. 向伴侶保證，你感到痛苦不是他的錯，因為你長期或是一直都背負著這種痛苦。
4. 一旦識別出了那種感覺，也消弭了所有的責難，你就可以慢慢來，把注意力全放在它上面。透過表達自己的不適感，而不是責怪伴侶，你就讓伴侶有機會站在你這邊——前提是對方選擇這麼做。
5. 向伴侶表示感謝，告訴對方他使你的生活得到了多大的改善。

當你對這個過程負全責的時候，你的伴侶也可能說出目前情況帶給他的痛苦。你會驚訝地發現，隨著痛苦程度層層加深，你們其實有著同樣的體驗，只是以為對方根本沒感覺到罷了。

不過，你的伴侶有可能不會以你想要的方式做出回應，也可能需要長時間保持憤怒，藏在他的防衛機制後面尋找安全感。如果你期望伴侶以特定的方式做出回應，很有可能會大失所望。

以上五點，概括了開啟溝通過程的基本態度。**有意識地溝通的關鍵在於「說出無可辯駁的真相」**。如果你對伴侶說出了會加劇權力鬥爭的話，你感興趣的就不是說出真相，而是堅持用最簡單的方式表達感受，確保你沒有暗示自己的痛苦是伴侶的錯。那些不適感不是別人帶給你的——它們一直深藏於你的體內！說出無可辯駁的真相，關注自己的感受並為此負全責，就能消除親密關係中的任何敵對狀態。

昔日的依附：與過去平靜地揮手告別

如果你沒能心平氣和地放下過去的事，你就根本沒有放下。

「我想離婚！」小倆口還沒來得及坐下，蘇珊就大聲宣告。

「好吧……」我說，「可我不是離婚律師，況且你們根本就沒結婚。」

「我不是開玩笑！我可不想在這段關係裡永遠排第二位。」

「那第一位是誰？」我問，扭頭看著她的另一半。顯然，桑傑已經逃回「沉默地帶」。

「他所有前女友，還有他老媽！」

「可以具體說說嗎？」

「我們做了你給的作業，彼此交流了感受。前幾次都滿好的——不是特別好，但也夠好了。可以看得出，如果我們能敞開心扉，更信任彼此，情況會更好。於是，我讓他對我更坦誠一點。」

「哎喲。」我脫口而出。

「怎麼了？」蘇珊問，「你不覺得坦誠在親密關係裡很重要嗎？」

「嗯，我是這麼覺得的。但**一方會怎麼應對另一方的坦誠，取決於雙方的情緒成熟度。**隨著我們漸漸走向情緒成年，坦誠會自然而然地滋長。我們大多數人離情緒成年還差得遠，所以離能夠應對徹底的坦誠也差得遠。」

「你說的『我們』也包括你在內嗎？」

「當然包括。有時候，坦誠可以是助人成長的工具，只要這件工具被有意識地使用就行。有時候，它也可以用於操縱別人或讓人進入權力鬥爭。」

「呃，我試著用坦誠幫助我們成長。我問他最想念前任的哪些方面，可他不想告訴我。我一直纏著他問，他一直保持沉默。最後，他終於開口了。」淚水在她眼眶裡打轉，「突然之間，原本什麼也不說的他，在接下來的十分鐘裡都沒停嘴。直到我對他尖叫，說我再也不想聽下去了。然後，我跑進臥室大哭了一場。」

「這麼說來，你說了前任不少好話？」我問桑傑。

「我遇見蘇珊以前，只談過三次戀愛。」桑傑低聲說，一直垂著眼簾，「最長的一次有兩年。我真的很喜歡她們，但沒辦法維持長期關係。」

「我想我該感到榮幸嘍？」蘇珊嗤之以鼻，「那你老媽呢？」

「我喜歡我媽又有什麼問題？她一直陪在我身邊，就連我青春期表現最糟糕的時候也是。她很有愛心，會安慰人，又會耐心地聽我說……」

「你知道他告訴我什麼了嗎？他上班的時候都會打電話給他媽。他們每天都在講電話！懂我的意思嗎？他每天都跟她說話！但還不止這個呢！他那三個前任，他在Facebook上跟她們都是好友！他還跟她們保持聯繫呢！就像他背著我出了軌。我覺得……被背叛了！」

「那又不是出軌。我只是覺得跟她們相處很舒服，她們只是朋友而已。更何況，我只跟其中的兩個人是Facebook好友。」

「你就沒有欣賞的前任嗎？」我問蘇珊。

「有，但那是過去。現在，我又沒跟他們保持聯繫。」

「那你一點都不想他們嗎？他們有哪些方面是你很喜歡，但在現在的這段關係裡是找不到的？」

「沒有。」她一口咬定。

「噢，胡說！」桑傑大聲說，「你知道的，家裡的牆薄得很。」

「你這話什麼意思？」我問。

「我聽見她跟老同學兼閨密用通訊軟體聊天，」桑傑一臉譴責地盯著蘇珊，「說起她的前任們床上功夫有多好。他們多麼自信，多會變著花樣來。」

「你聽到了？」蘇珊的臉漲得通紅，「你不該……」

「我猜，她在遇到我之前睡過『真正的男子漢』。」桑傑盯著地板，拒絕看向他的另外一半。

「對，他們的床上功夫棒極了。這難道是我的錯嗎？」蘇珊追問，「你從來沒聽我說過，他們有些人多混蛋，有時候多冷漠。其中有一個特別刻薄，在感情上深深地傷害了我，就像我爸一樣。」

「對啊，你也不知道我的前任們糟糕的一面——你從來沒問過我。」桑傑立刻反駁。

「也就是說，過去的幽靈跑回來影響你們的感情了。」我微微一笑，說出了結論，「也許在你們的感情之旅中，是時候處理這些未盡事宜了。」

主題16：昔日的依附

請想一想，你目前關係中的某些障礙，可能是由過去關係中尚未消失的依附引起的。每一段親密關係中都有美好的時刻，也有糟糕的階段，就連家人之間也不例外。如果你在憤怒或痛苦中結束了一段關係，就可能把消極體驗帶入下一段關係，並始終保持警惕，防止類似的情況再出現。

不過，過去的關係中也有積極體驗。你在目前的關係中得不到那些體驗，因為它們與你的前任息息相關。例如，你的前任可能床上功夫過人，但同時脾氣火爆，深深地傷害了你。你選擇離開他，是因為隨著時間的流逝，他的壞脾氣變得愈來愈傷人。然而，你仍然想念他帶來的美好性愛。因此，你會堅持要找的下一任必須特別溫柔，脾氣溫和。不過，你拒絕在情感上跟對方走得太近，所以這段關係中並沒有火一樣的激情。就這樣，你把對前任的消極和積極依附帶進了現有的關係。請意識到，**昔日的依附也許意味著你已經準備好平靜地向其揮手作別，這樣才能充分享受現有關係中的點點滴滴。**

實用指南

為了將昔日的依附一筆勾銷，請完成以下步驟：

1 開一份清單，列出人生每段關係中對你最重要、影響最大的人。每個名字後面留出四行或五行空白，因為你要給每個人添加其他資訊。為了讓這個練習更有效果，至少要加入你父母中的一方，或者對你來說類似父母的人。

2 在每個名字下方，寫下他們給你的重要饋贈。這些饋贈豐富了你的人生，即使你在當時並沒有意識到它們的價值。

3 接下來，寫下你跟那個人在一起的時候最痛苦的經歷。

4 在痛苦後面的橫線上，具體描述它給你上的一課，以及它是如何助你成長的。如果你想不出痛苦教會了你什麼，那就聽從直覺的指引。如果你聽不見直覺的指引，那就大膽猜測吧。

你的清單可以包括以下內容：

姓名：______（重要人物的姓名）

給我的餽贈是：______

給我的痛苦是：______

給我上的課是（痛苦經歷讓我學到了什麼）：______

5 意識到，過去的事會成為負擔，除非我們靠愛和感恩將它們澈底放下。**「放下」的關鍵是感恩。**

6 閉上眼睛，全身放鬆。想像你列出的每個重要人物站在你身邊。再想像一下，你身上發生的每件事，都是你獨特人生體驗的一部分，目的是幫你提升理解能力和情緒（以及靈性）成熟度。感謝他們給你上的每一堂課，感謝他們教會你愛和忠於自我。向他們承認，不管你在什麼時候感覺受傷，都是因為你自己的需求和期望。如果你不是受自身需求驅動，對方就不可能傷害到你。

7 想像自己收下每一段關係給予的饋贈和教導，將它們深深地埋在心底，讓它們成為你的一部分。感受饋贈融入你的內心，進入你的每個細胞。你可能不喜歡教導呈現的方式，但透過平靜地接受，你就能慢慢敞開心扉，接受更多的教導。當你誠心誠意地接受每個人給予的饋贈和教導時，想像那些人漸漸融化或消失，只留下平靜、圓滿的感覺。

8 現在，你可以放下過去，為目前這段關係能帶給你的東西留出空間了。想像你的伴侶站在你面前。他給了你什麼樣的饋贈，給你上了什麼樣的課？你願意敞開心扉，接受那些饋贈和教導了嗎？

習慣與模式：列出創意生活清單

習慣會讓你一輩子原地打轉。

從表面上看，伊玲和傑森是兩個極端。伊玲小巧玲瓏，身材苗條；傑森人高馬大，體格健壯。伊玲出生在中國一個富裕的七口之家，是四姊妹中的老大，家人還包括父母和祖母。她從小就跟著家人四海為家，待在同一個城市、同一個國家不會超過兩年，可以流利地說四門語言。她打扮得體、腰板挺直地坐在椅子上，看起來非常警覺，認真傾聽大家說的每句話。她說話直截了當，用詞精準。傑森是個園藝師。他是家裡的獨子，家裡世世代代都是藍領工人，一輩子都住在同一個地方——如今，他仍然住在同一條街。他說話慢條斯理，說話的時候喜歡盯著天花板，邊說邊捋自己亂蓬蓬的鬍鬚。他身穿格子襯衫，只有一部分塞進了牛仔褲的褲腰，襯衫缺了好幾顆鈕釦，肚皮露了出來。兩個人是七年前結的婚。

「我們的婚姻愈來愈像我父母的婚姻了。」伊玲解釋說。

「為什麼這麼說？」我追問道。

「細節上不大一樣，但相處方式很像。看著他們相處，就像一遍遍看同一集電視劇。現在，我和傑森看起來也是這樣。」

「傑森，你也這麼覺得嗎？」

「呃……」他沉默了好一會才開口，手指撫過長長的紅鬍子，「我想……有點類似吧。」

「我下班回到家，」伊玲繼續說，「他通常在做晚飯——他比我早回家。他準備晚飯的時候，我正好去洗澡。吃飯的時候，我們沒什麼好說的，因為……呃，我想大概把該說的話題都說完了吧。飯後，我們一起洗碗、去附近散步——總是同樣的路線，還是沒幾句話可說——除非是他點評別人家的院子。回家以後，我們會想想一起看什麼電影或電視劇。但我最近意識到一點：看電視的時候，我們都拿著手機。我登著微信，跟朋友和家人保持聯繫，他不是上維基百科查資料，就是查體育比賽的比分。所以說，我們只是三心二意地待在一起——只有一半的注意力放在看電視上。後來，我又意識到，吃晚飯的時候，我們也開始帶手機上桌，邊吃飯邊收訊息、接電話。直到這個時候，我才發現自己的婚姻讓我想起了父母的婚姻，還有他們之間的關係。」

「那週末呢？」我問她。

「他大部分時間都待在車庫裡，擺弄他的園藝工具。我通常會出去買東西，或者打掃房間，或者……坐在電腦前。我們有時候會一起出去拜訪共同的朋友，但最後總會變成：他和他的朋友在一個房間裡，聊體育比賽或別的東西，我和我的朋友在另一個房間裡，聊工作或我們的熟人。每件事都一成不變。」她的最後一句話帶著幾分沮喪，或者說是挫敗感。

「你還有什麼要補充的嗎？」我問傑森。他懶散地癱在椅子上，蹺著二郎腿，仰面盯著天花板。他坐下後就一直保持這個姿勢沒變。

「聽起來……」他停頓了好一會，「……差不多吧。你懂的，工具需要保養。」又是長長的停頓，「再說了，我喜歡體育比賽。」

「別誤會我的話，」伊玲接過這個話題，「我們的婚姻生活很平靜。我也知道，我們很在乎彼此。我們七年裡只大吵過三、四次。」看到那個男人如此優游自在，看起來都要融化進椅子裡了，我很好奇，他們所謂的「大吵」會是什麼樣的。「可以說，我們待在一起很安逸，」伊玲接著說，「只是，呃……也許有點太安逸了。」

「安逸也可以變成坐牢。」我承認。

「呃，我也不知道……」傑森拖長腔調，慢條斯理地說，「如果要我說，你懂的，完全就是坐牢。」我和伊玲都俯身向前，等他接著往下說，「也不是坐牢啦，不過，呃……」他捋著鬍子，大概又過了十秒，「對，也許就是坐牢。」

主題17：習慣與模式

你可能會在某一時刻發現，幾乎就像所有的夫妻一樣，你和伴侶在親密關係中的某些方面陷入了一成不變的模式。你會意識到，新奇感和興奮感已經消失殆盡，你們陷入了安逸的日常模式。這會給你們的關係帶來一種「平靜」的感覺。你可能找到了避開讓人不舒服的感受、話題或爭論的方法，比如做一些例行活動，讓雙方沒有機會直面問題。但問題的作用，是讓雙方意識到這段關係下一步該怎麼走，這樣你們才能走得更近。**模式和習慣讓你們的相處陷入了泥沼。它們偷走了親密關係中的激情和隨興，正在慢慢地扼殺你們的關係。**

實用指南

列出十種對伴侶表達感激的方式。它們可以是你沒有做過的事，也可以是你曾做過的事，但用更加新穎的方式呈現。列完清單後，承諾每週用其中一種方式表達你的愛意和感激。充滿創意的、新穎的表達方式總會讓人興奮不已。你的習慣和模式也許已經固化，因此難以擺脫。但隨著不斷練習發揮創意，你會變得愈來愈隨興，可以輕鬆地擺脫固有模式。

你的伴侶也許不想走出習慣狀態，但你仍然可以掙脫自己的泥沼。只要不加入對方的行列，選擇更有創意地過日子就行了。這會帶給你的伴侶刺激和啟發，促使他加入你的行列。

冒險：打破自身限制

知曉自己在人生道路上擁有的力量，你就永遠不會陷入恐懼。

「傑森去找停車位了嗎？」今天只有伊玲一個人來，這讓我很驚訝。

「他決定不來了，」她不好意思地回答，「他說他看不出來這裡有什麼用。」

「這麼說，上一次諮詢他似乎什麼也沒學到啊。」我意識到內心湧起了一絲失望——我對自己感到失望。我意識到了這一點，持續留意這種感覺，同時保持對伊玲的關注。

「他這個人就是這樣——在很多事情上，他都看不到積極的一面。我試著讓他去做你給的任務，打破我們的舊習慣，可是……他不想跟我一起做，我就沒了動力。我也不知道為什麼，但就是沒動力了。」

「恐懼。」我發表看法。

「恐懼？你是說，害怕離開我的安樂窩？」

「或者是怕成長得比他快。人的內心有兩種對立的力量：**一是成長的欲望或渴望，二是對成長的恐懼。**通常在一段親密關係中，一個人表達了成長的渴望，另一個人則會感到恐懼。恐懼和渴望之間，比較強的那一個往往會勝出。通常要出現一場危機，才能幫我們克服恐懼。但有時候渴望足夠強大，足以讓其中一個人先邁出第一步。」

「你是說，我得一個人邁出這一步？我還認為親密關係的意思，是要兩個人一起呢。如果我邁出了這一步，他卻沒有，我是不是在拿我們的婚姻冒險？」

「風險始終存在，」我點頭承認，「但身處一段毫無成長、停滯不動的關係，又有什麼意義呢？」

「也沒那麼糟啦。就像我上次說的，我們相處融洽，而且彼此相愛。」

「我沒有建議你做任何事。某樣東西——某種力量或某種感受——促使你來找我，我在盡可能做出回應。你內心存在不滿，也許是感覺自己被束縛了。也許有些東西想要更多的自由，所以讓你回到了我這裡。這一點我有切身體會。雖然我深愛我太太，但我們的關係有時候感覺很像坐牢。現在，我感覺它的目標，更像是幫助我成長，邁向情緒成年。有時候，這意味著可能會失去自己的另一半。這當然是冒險啦。不過，每次我向前邁出一步，無論是跟她分享我一直深藏的祕密，還是給我們的關係引入更多的樂趣、浪漫或冒險，我太太最終也會邁出這一步。不過，更常見的情況是，她邁出第一步，我隨後跟上來。但人生中的每次冒險，都有可能讓你失去對你來說很重要的人或者東西。」

「這也太可怕了！讓我感覺自己孤零零的。」

「呃，你看，這就是為什麼向前邁出的每一步，都被稱為『冒險』。沒有人能保證結果——你會失去什麼，又會得到什麼。但如果你能意識到自己內心深處的力量，那種促使你走出安樂窩的力量，如果你能意識到那是一種善意的力量，恐懼就無法阻止你前行。」

「那我應該冒什麼樣的險呢？」她問。

「再說一遍，我不喜歡『應該』這個說法，」我佯裝疲憊地長嘆一聲，「我不知道你可以冒什麼樣的險。通常來說，有三個選擇：一是你可以給傑森什麼，二是你可以向他表達什麼，三是你可以為他做什麼。聽從你內心的指引吧，直覺會告訴你具體要怎麼做。不管你冒什麼樣的險，你都是以愛的名義去做的。」

主題18：冒險

夫妻雙方會在親密關係中的一個或多個方面陷入僵局，停滯不前。這可能表現為厭倦、疲憊、死氣沉沉或心頭沉甸甸的。如果你身上也發生了這種情況，你可能也會因為關係陷入僵局、不知如何「重新啟動」而深感沮喪。在這種情況下，冒個險會讓你敞開心扉，取得能量，振作起來，獲得更令人滿足的體驗。

不過，重要的是不要將「冒險」與「蠻幹」混為一談。蠻幹往往源於擺脫不適感的迫切需求，冒險的衝動則源於你的內在，也就是人們稱為「內心」的地方。衝動可能是突如其來的，但冒險絕不是盲目任性的。冒險有可能會讓你失去或放棄某些東西，但你這麼做並沒有自毀傾向。**冒險時可能遇到的困難，源於直面內心的疑慮和不確定，進而擺脫它們。在這麼做的過程中，你會瞭解真實的自己。**

實用指南

如果你想要擺脫停滯不前的感覺，請閱讀以下四個問題，回答最合適你的那一個。

1 我可以為我的伴侶提供什麼？
2 我可以向我的伴侶表達什麼？
3 我可以為我的伴侶做些什麼？
4 我可以在人生中邁出怎樣獨具創意、給人啟迪的一步？

冒險有許多不同的表現形式，但基本要素都是意圖和信任：你願意靠直覺採取行動，相信冒險會把你帶到直覺指向的目的地。直覺可能會指引你做一些你不熟悉的事，所以你此時此刻，可能還沒做好冒險的準備。如果是這樣，也許是它在給你留出時間，讓你做好準備，在不久後的將來邁出一步。**內心的力量會促使你採取行動，但絕不會催你還沒準備好就動身。只有你自己知道何時才是踏入未知領域的最佳時機。**

【注意事項】

不知道你的伴侶會怎麼回應，這正是冒險的有機組成部分。也許你冒的險會讓伴侶感到不適，但如果你心裡很確定，你打算邁出的一步，對自己和伴侶都有好處，那就請相信自己。同樣重要的是要記住，冒險的關鍵不是你行為或意圖的結果，而是你超越自身限制、感受外界自由的渴望。

評判：所有批判都是自我評判

你評判別人的某些特點，就是在強化自己的相應特點。

「你的主意沒效，還適得其反。」伊玲告訴我。

「我的主意？」我懵了，「什麼主意啊？」

「我應該在傑森身上冒個險。」

「哎呀，你沒有試著對他坦白一切吧？」

「你怎麼知道的？」她驚訝地瞪大了眼睛。

「我瞎猜的，」我答道，不禁聯想起蘇珊試圖讓桑傑坦白一切，「後來發生了什麼事？」

「關於我該冒什麼樣的險，你給了我三個選擇：一是我該給傑森什麼，二是我該向他表達什麼，三是我該為他做些什麼，還記得嗎？」

「伊玲，我可不記得我用過『該』這個字。我真的不喜歡這個說法——就像我不喜歡有些人亂用『坦白』一樣。但不管怎麼樣，到底發生了什麼事？」

「呃，我決定告訴他我一直在想，但從來沒有說出口的話。我告訴他，我不喜歡他的穿衣方式——襯衫從來不塞進褲腰，看起來邋裡邋遢的。說完這個，我就想，乾脆全說出來好了。我告訴他，我覺得他太冷漠了，我朋友來家裡玩的時候，他不是個好主人。他花錢大手大腳，為人孤僻，總活在自己的世界裡……還有什麼……噢，對了，他沒有雄心壯志——沒有動力去拓展業務。還有，他對剛認識的人不怎麼友好——似乎根本沒意識到他們的存在。等我想想，還說了什麼……」

「我已經很清楚你說了什麼，那傑森有什麼反應？」

「噢，他只是坐在那裡。我說話的時候，他看都沒看我。我說完以後，他站起來，說：『真高興浪費在那個生命教練身上的，不是我的錢。』然後，他就一頭鑽進車庫，直到睡覺時間才出來。」

「你有沒有覺得自己可能有點妄加評判了？」

「我不是故意的。」伊玲答道，看起來有點不好意思。

「我不是怪你。」我向她保證，「你已經抓住機會，盡力而為了。冒險常常會導致關係暫時陷入僵局。現在，也許你可以冒第二個險了——承認自己的妄加評判。」

「你是說，我應該承認我在妄加評判？」

「說對了一半。除了『應該』這兩個字，其他都對。你可以意識到自己在批評傑森，並意識到**所有的批評，都是自我批評。你批評別人的哪方面，就是在否認自己的哪方面。**」

「可我又不像傑森。我穿衣不邋遢、為人不冷漠，也不是糟糕的主人。批評他的那些方面，我自己都沒有啊。」

「你只是看到了表面。你覺得自己有魅力嗎？」

「我……我也不知道，大概看著還行吧。」她邊說邊換了個坐姿。

「你以前有沒有覺得自己難看？或者沒人需要……沒人想要……」

「嗯，有時候會……上學的時候……還有跟我父母在一起的時候。」她承認，突然掉下眼淚。我感覺自己也要落淚了。接著，她說起她媽媽希望第一個孩子是個兒子，還經常提醒伊玲她有多失望。與此同時，她奶奶最喜歡她的一個妹妹，她爸爸則最喜歡她的另一個妹妹。

「我到底哪裡有毛病？」她抽泣著，「為什麼他們都不想要我？我努力做個完美的女兒，但不管我為他們做了多少事，他們從來都不認可我！」

我一直保持沉默，讓她盡情地釋放痛苦。二十分鐘後，我們才回到她對丈夫妄加評判這個話題上。

「你一直在關注他的穿衣方式。因為你自己外表清爽、整潔，所以你沒意識到，你在他身上，看見了自己難看的一面。**我們總覺得批評的是別人的做法、態度、外表或性格，但其實批評的是我們對自己的看法——也就是『自我觀念』。**」

「但如果你沒有指出來，我永遠都猜不到，我其實是在批評自己難看。」

「不是難看，而是你覺得自己難看。」我說，「你批評傑森的那個方面，正是你相信自己有毛病的那個方面。你需要做自我剖析，對自己坦白，才能找出這些自我批評，以及它們針對的信念。想要回應這些信念——也就是『自我觀念』，而不是拒絕它們或為此責怪自己，則需要付出更大的努力。」

「也就是說，我批評傑森是個糟糕的男主人，就意味著？」

「你覺得自己做得不夠好。」我幫她補完了後半句，然後說，「你來試試看：你批評傑森花錢大手大腳，就意味著？」

「我花錢太大手大腳？」她猜測說，然後搖了搖頭，「不，不是那個……是他太粗心大意？」

「粗心大意？」

「不，他是蠢！所以說，是我相信我自己很蠢！」她像是大獲全勝似的大聲宣布。

「真棒！不管你會說多少門語言，在學校裡獲得了多少學位或榮譽，這種信念仍然根植於你的內心，對吧？我們再試試另外一個：你批評傑森為人孤僻，就意味著？」伊玲想了很長一段時間，仔細分析傑森的外表和態度，最後才恍然大悟。

「他沒有安全感！我沒有安全感！真是太奇妙了——如果只看他的一言一行，誰也猜不到他沒有安全感！」

「對於你，我也可以說同樣的話。」我評論道，「有個詞說得好——欲蓋彌彰。傑森表面上的冷漠和孤僻都只是偽裝——就像你表面上超級高效、特有魅力一樣。」

「噢，真是太棒了！」她哈哈大笑，「我等不及要回家多批評批評他了！」

主題19：評判

雖然「評判」這個詞有很多其他涵義，但在這本書裡，我用它來代指因為另一個人的做法、態度、外表或性格而譴責對方，或者說是「數落對方犯的錯」。在親密關係中，它通常會在權力鬥爭階段浮出水面，其影響力會隨著關係的持續不斷增強。當妄加評判開始滲入親密關係中時，它就會阻斷愛、接納、認可、讚賞、信任等，而這些正是一段關係富有成效、不斷成長的特徵。

諷刺之處在於，**你批評伴侶的東西，通常是你下意識裡覺得自己有的。**糟糕的是，妄加評判的一方，完全看不到這一點。同樣，你在評判伴侶的時候，會覺得自己站在道德制高點，這會貶低伴侶在你心目中的價值。其實，這麼做的根源在於你覺得自己一無是處——瞭解自身真正價值的人，絕不會試圖貶低他人。

只要意識到所有的批判都是自我評判，你就可以開始「自我接受」這個過程，其中就包括接納你的伴侶，不再數落對方犯的錯。請記住，**你在伴侶身上看到的東西，正是你在自己身上看到的；你對伴侶做的事，也是你對自己做的。**

實用指南

首先，列出一份清單，寫下你批評伴侶的每一點，確保涵蓋了你們關係中的方方面面。只關注性格特徵或是態度，而不是關注做法本身。下面的例子中，我故意劃掉了其中一些語句，告訴你怎麼做刪改，用態度替代做法。

- 我會批評我的伴侶，是因為他在性生活方面太壓抑。
- 我會批評我的伴侶，是因為他花錢大手大腳，不考慮金錢。
- 我會批評我的伴侶，是因為他總是挑剔我，不考慮我的感受。
- 我會批評我的伴侶，是因為他在公共場合或社交場合說得太多，聲音太大，不考慮我和別人的感受。
- 彼此父母：我會批評我的伴侶，是因為他在我跟他家人發生衝突時，總是站在他們一邊，從來不支持我，不會試著從我的角度看問題，不在乎我的感受。
- 溝通：我會批評我的伴侶，是因為他生氣的時候，總是摔東西，不知該怎麼恰當地表達憤怒。

你會從這些例子中發現，**關注焦點不在做法本身，而在伴侶透過行為，表達出的態度**

或性格特徵。正如上述例子中展示的，你可能會發現，在說出行為背後的態度、「負面特徵」或性格特點之前，你絞盡腦汁也想不出合適的用詞。你還會發現，想要透過行為看本質，弄清到底是什麼刺激了你妄加評判，其實是很難做到的。將這一點牢記在心之後，你就可以開始列清單了。

列好清單後，站在鏡子前面——或者想像自己站在鏡子前面，直視自己的雙眼，說出你寫下的批評。在說出來的時候，請務必用「你」這個人稱代詞。說出「你」做的、說的、想的，避免提及具體行為。假設做練習的人叫約翰。約翰會看著鏡子裡的自己，說出下面的話：

- 「約翰，你有時候不知道怎麼恰當地表達自己的感受——尤其是憤怒。」
- 「約翰，你有時候不在乎伴侶的感受。」
- 「約翰，你不考慮別人的感受，太愛挑剔（雖然你藏在心裡沒說出來）。」
- 「約翰，你不考慮金錢。」
- 「約翰，你在性生活上太壓抑。」

做完這個練習後，你能否看出，你批評伴侶的種種性格特點和態度，其實在自己身上也有所體現？你伴侶的表現形式可能有所不同，而且通常和你的表現形式恰恰相反。只不過，它們只表現出了你不喜歡（甚至是討厭）的「消極」特徵。**一旦你開始「接受」自己**

在妄加評判，就會發現你批評的並不是自己的「毛病」——其實那根本就不是你。事實上，你是一個很棒的人，只是忘了真實的自己是什麼模樣。

鏡像：你才是鏡子裡的人

鏡子從不說謊，只是它呈現的東西，不一定是我們想看的。

「你們還想聊些什麼？」我問蘇珊和桑傑。我們剛剛討論完我針對「昔日的依附」給他們安排的任務，以及他們完成任務的情況，這次的諮詢還剩下不少時間。讓我大為驚訝的是，首先開口的竟然是桑傑。

「我有件事想聊聊，但我覺得會惹蘇珊生氣。」

「你什麼都不用說也能惹我生氣，」蘇珊半開玩笑似的說，「你只要坐在那裡就行了。」

「這就是我想聊的。你為人太刻薄了。」

「我只是開玩笑嘛，」蘇珊還在嘴硬，「你又不是小屁孩了，不需要嘰嘰歪歪吧。」

「你懂我的意思了嗎？」桑傑幾乎從椅子上跳了起來，轉身面對我說，「她都不知道她有多傷人。」

「噢，看在老天的分上，有點男子氣概吧！」蘇珊輕蔑地「呸」了一聲，雙臂抱胸，換了個坐姿，挪得離桑傑遠了一些，「你自己也不是什麼完美先生，你懂的。」

「去你的！」桑傑暴躁地脫口而出。我能看得出，他馬上就要再次陷入沉默了。這一次，我可不希望他這麼做。

「別這樣，桑傑。好了，我真的想聽你說說。拜託了。」

「說出來又有什麼用？不管我說什麼，她只會打壓我。隨便是哪個男人，她都能讓他感覺自己又蠢又渺小。」

「不是隨便哪個男人——只有你。」蘇珊出口反駁，但眼睛根本沒看桑傑。

「嘿，夠了，蘇珊。我想聽他說。」

「為什麼？他只會告訴你他對我說的：我是個刻薄又卑鄙的臭婊子。」

「他對你這麼說的？」

「不是直接說出來的，大聖人桑傑可不會大聲說出這種話。但我能從他臉上的表情看出來，他覺得我是個冷酷無情、不值得愛的毒舌女。」

「她覺得我是個軟弱、沒用、沒骨氣的懦夫。」

「這難道不是你對自己的看法？」我直視他的雙眼問道。

桑傑不自在地在椅子上動了動，努力保持和我對視：「什麼？你這話是什麼意思？」

「你就從來沒覺得自己軟弱……或者沒用？」他還沒來得及回答，我就轉過身問蘇珊，「你就從來沒覺得自己不值得愛，或者批評自己冷酷無情、說話毒舌？」他們兩個人都沉默了很長一段時間，大概都在等對方表示贊同吧。我決定繼續說下去：

「也許你們從來沒聽過這個說法：**伴侶就是你的鏡子**。也就是說，你在伴侶身上看到的，其實是你內在的東西。如果你覺得伴侶對你不公平，那麼鏡子就會照出你內心的一部分，也就是你透過批評、批判、責備等方式，對自己不公平。無論你認為伴侶對你做了什麼、說了什麼，那其實都是你對自己做的、說的。」

「那麼，當他鑽進殼裡不出來，看起來完全無視我的時候，就意味著我……呃，覺得自己一無是處？」

「有可能。如果直覺是這麼告訴你的，為什麼不相信直覺呢？如果遇上你這種情況，我可能會問問自己，我忽視了自己的哪方面？通常是我脆弱的一面，但有時候可能是我天才的一面。關鍵在於鏡子在那一刻展現給你了什麼。鏡子永遠不會撒謊，你也無法蒙混過關。」

主題20：鏡像

這個主題顯示，伴侶是一面活生生的鏡子，反映出了你的內心體驗，幫你提升意識並接納自己。親密關係中的鏡像效應能幫你瞭解到：

1 你對待伴侶的方式，反映了你對待自己的方式。

2 伴侶對待你的方式，反映了你對待自己的方式。

這也許從某種程度上表明了，如果你透過指責或批評攻擊了伴侶，你內心就在受這種攻擊的影響。如果你口頭詆毀伴侶，同時就在詆毀自己，並在情緒和身體上，感受到了詆毀的負面能量。

同樣，你在讚賞伴侶的時候，會感受到內心讚賞的暖流。值得注意的一點是，不管你怎樣對待你的伴侶，你肯定已經在用同樣的方式對待自己了！鏡像效應不會導致你出現某種感受——它們只是反映出你帶到鏡子前面的東西。

鏡像效應還有一點也值得注意：**只要看看伴侶對待你的方式，就能反映出你下意識裡是怎樣對待自己的。**這說明了你可能不喜歡伴侶對你說話或對待你的方式，但如果你深入探索內心，就會發現自己心靈的另一面（審判者、折磨者、批評家）正用同樣的方式對待自己。

實用指南1

反思一下，你上週是怎麼對待伴侶的，你給了他多少尊重、認可、接納和讚賞？你透過口頭表達或肢體語言，給了他多少批評？為了清醒地意識到你對待伴侶的方式，正是對待自己的方式，請將下列句子補充完整：

- 當我稱讚伴侶很棒的時候，我的身體感覺到＿＿＿＿。
- 當我批評伴侶的某些方面時，我的身體感覺到＿＿＿＿。
- 當我不加評判地接受伴侶時，我的身體感覺到＿＿＿＿。
- 當我批評伴侶的做法、態度或外表時，我的身體感覺到＿＿＿＿。
- 當我對伴侶發火的時候，我的身體感覺到＿＿＿＿。
- 當我跟伴侶開玩笑的時候，我的身體感覺到＿＿＿＿。

請記住這個主題的關鍵——你是鏡像的發起者。如果沒有你，鏡像就不可能存在。但你沒有站在鏡子前面的時候，你仍然存在。就算沒有鏡子反射，你感覺到的東西也仍然存在。因此，如果你內心平靜，就會在鏡子裡看見平靜。**是你內心的平靜，創造出了眼前看到的平靜。只有內心先有感受，鏡子才可能反映出來。**希望你能看到，透過滿懷愛意、富於同情地對待自己，你也能有意識地試著用同樣的方式對待伴侶。

實用指南2

為了清醒地意識到伴侶對待你的方式，反映了你下意識裡對待自己的方式，請回答下列問題，將句子補充完整：

1 我不喜歡伴侶像這樣對我說話：________。

2 當他這樣對我說話的時候，我覺得他在（可多選）：

鄙視我——批評我——責怪我——批判我——忽略我的感受——

其他（根據你的情況描述）________

3 我能看得出，我有——%在以同樣的方式對待自己。

4 我不喜歡伴侶________（描述他對待你的另一種方式）。

5 我能看得出，我有——%在以同樣的方式對待自己。

只要你能看出伴侶對你的做法、態度和溝通方式，反映了你對待自己的方式，就算百分比很低，你的意識也會有所提升。你對伴侶的過度反應會愈來愈少，還會將無意識地互動變成有意識地溝通。

選擇愛：親密關係的轉捩點

當你只選擇愛的時候，其他東西都不重要了。

我指導布拉德和珍妮特做完關於「兩極」的體驗式練習，覺得進展不錯。這時，珍妮特大聲宣布：「維繫關係還真是累人。為什麼就不能像電影裡演的那樣？」

「說到浪漫電影，有件事滿有意思的。」我回答，「你有沒有發現，電影大結局差不多都是『墜入愛河』的情侶終於在一起了？他們在夕陽下駛向遠方，或是激情相擁，音樂響起，然後……全劇終。他們只是剛開始親密關係這個過程，電影製作人就說：『好了，收工吧——情況不可能比這更好了。』至少在我看來是這樣。」

「我覺得他們會說：『從此以後，他們過著幸福的生活。』」珍妮特用如夢似幻的語氣說，惹得布拉德哈哈大笑。

「童話般的婚姻？這就是你想要的嗎？」我溫和地問，「我知道，浪漫的戀情是很好、很激動人心，但婚姻為你提供了機遇和支持，讓你能體驗到比幻想和浪漫更有魅力的東西，某些更穩定、更持久的東西。」

「你是說無條件的愛嗎？」布拉德開玩笑似的問。

「我不知道它是不是有固定說法，」我承認，「有些人這麼稱呼它，有些人可能稱它為真正的幸福、圓滿、真相……正是它讓一個人持續付出而不求回報，讓事情順其自然，而不是強行操縱，敞開心扉傾聽和訴說，就算感覺不舒服也能接受現實。」

「聽起來太理想化了。」珍妮特說。

「我懂你的意思。」我承認，「我第一次意識到這一點的時候，也覺得不可能做到。事實上，我當時心目中的自己是不可能做到的。當你開始覺得你也許不是自己認為的那個人，想要瞭解真實的自己的時候，最初聽起來太理想化、不可能做到的事，才開始有了真實感。電影裡所謂的『愛』並不是真正的愛，大多數人腦海裡的『幸福』也不是真正的幸福。所以，你面前又出現了兩個選擇：一是浪漫的愛，二是真正的愛。你會選哪個？」

主題21：選擇愛

這個主題顯示，親密關係是為你提供更滿足的體驗，所以你完全能靠情感，讓雙方的關係和激情永保活力。情感是浪漫的發動機，源於愛與被愛的需求。總有一天，情感會萎縮，浪漫會消失，激情會消退。此時，你就會開始質疑，自己所處的這段關係到底對不對，除了關於愛的浪漫幻想和傷感哲學外，是不是還有更有意義的東西值得去追尋。如果你的情況正是這樣，這就是一個轉捩點，你有可能從此進入人生的新階段。在這個新階段中，你能直接感受到無條件的愛和真正的幸福。你有機會做出選擇。你找到的東西，也許會比情感連結或依附更有意義。

實用指南

以下練習，是為了讓你全心全意地關注你的伴侶，而不是關注目前的狀況或當下的問題。想像你的伴侶就站在你面前。全心全意地欣賞他。向他敞開心扉，想像對方純淨的本質。意識到或看到那種喜樂、平和、充滿愛意的本質。重視你的伴侶，勝過希望他滿足你的需求。你如果能讓自己做到這一點，即使是在想像中做到這一點，就能向前邁進，進入親密關係中更深的層次。

根據每個人的性格和具體情況，這個練習可能需要堅持做幾週。無須在意要花多少時間。當你和伴侶在一起的時候，注意他美好的一面。如果負面看法冒出來，你可以對自己說：「這些算不了什麼，我選擇全心全意地欣賞他。」你做出的選擇，將決定你會從伴侶身上看到什麼。堅持選擇愛，選擇真正的愛。

轉型危機：重溫過去錯誤的絕佳機會

想要做煎蛋，就得先把蛋敲開。

為期三天的親密關係工作坊，已經進行到了第二天。參與者性取向各異，都處於親密關係中。有些人沒有和伴侶一起來參加工作坊。前一天，有三個人離開：有一對夫婦並不認同他們聽到的內容，另外還有傑森。剛抵達會場十分鐘，他就告訴伊玲、整個小組和他慵懶地盯著的天花板，要學習處理關係的不是他，而是他太太。布拉德和珍妮特、蘇珊和桑傑都來了，分別坐在傷心、沮喪的伊玲兩旁。

「我上週接了一個個案。」我開口說道，「她結婚二十二年了。大約六個月前，她的丈夫回到家，宣布要為了另一個女人離開她。這讓她完全措手不及。她無比震驚，陷入了焦慮和憂鬱，不得不接受藥物治療。」我在可以翻轉的白板上寫下「**慘遭拋棄**」四個大字，「我接待的另一對夫婦過著相當安逸的生活，直到他們發現被理財顧問捲走了所有的錢。而且，丈夫剛剛丟了工作。他們在一週之內從安逸變成了破產。」

「你做他們的教練有沒有收錢啊？」開口的自然是布拉德，他臉上掛著一絲假笑。

「沒有，那是無償援助。」我回答說，用麥克筆寫下「**財務危機**」四個大字，然後轉身面對小組成員，「誰能說一件在親密關係中，讓你特別痛苦的事？以前的也行，現在的也行。」

「我女兒差點因為肺炎沒了命！」布拉德撕心裂肺地說。「**女兒生病**」——我寫在白板。

「離婚真的把我傷得很深，」一位女士插了一句，「我憂鬱到在床上躺了三個月。」

「**離婚**」。

「每次漢克在外面鬼混，我都想自殺！」保羅大聲宣布，推開了伴侶伸來的安撫之手。

「**外遇**」。

「我妻子剛去世的時候，我以為自己永遠無法恢復了。」一位男士說。

「我也是。」另一個男人點頭稱是，「就像她在我生命裡挖了個大洞，讓我一頭栽了進去。」「**摯愛離世**」。

「傑森不肯跟我說話。」伊玲傷心地說，「他都不跟我同床，還說想分居。」「**分居**」。

「珍妮特又懷孕了，」布拉德無精打采地宣布，「也就是說，能賺的錢少了，要花的錢多了。」「**新生兒／經濟壓力**」。

「我婆婆從中國搬來跟我們一起住。」一位女士低聲說，「她不喜歡我，覺得家裡應該由她作主。」她丈夫向我無奈地聳了聳肩。「**雙方父母**」。

小組成員你一言我一語，足足說了十分鐘。在那之後，我回頭看著白板，大聲念了出來。「慘遭拋棄、財務危機、女兒生病、離婚、外遇、摯愛離世……」我逐一念出白板上的詞，然後轉身看著小組成員，「正如你們看到的，許多高壓事件都會給親密關係帶來壓力，甚至毀掉一段關係。你很容易責怪伴侶，把對方看成是某種情況或某件事的成因。但事實上，沒有人能避免遇到危機。或許有些人看起來生活美滿，身邊沒有發生特別嚴重的事，但那些人是非常罕見的例外。」

「所以說，糟糕的事總會發生，問題是怎麼應對，對吧？」蘇珊問。

「你怎麼應對這些事，取決於你怎麼解讀它們。也就是說，你賦予了這些情況或這些事什麼樣的涵義。你是把它們視為『出了差錯』，還是學習和成長的機會？它們是披上偽裝的饋贈，還是不得不忍受的負擔或懲罰？你是可以從中受益，還是得備受煎熬？」

「聽起來滿酷的，也很實事求是。」布拉德語帶挑釁地說，「但當我的小女兒受盡折磨，有可能一病不起，我們很快又要餵飽另一個孩子，賺的錢還愈來愈少的時候，我可沒心情想它們背後有什麼哲理。除了『老天爺啊，真是太糟糕了』，我還能怎麼解讀這些事？」

「布拉德，我也遇到過個人生活和職業上的危機。我並不是對大家的體驗漠不關心。每種危機都讓人痛苦，這種痛苦是無法避免的。然而，受苦是可以避免的。不管危機看起來是什麼樣子的，也不管你想不想要，它們總會發生。你可以把它們看成是你的敵人、你的不幸、對你的懲罰，或者伴侶乃至其他人對你不公平，也可以不做任何評判，接受它們本來的面貌，穿過黑漆漆的隧道，一步步走向改變人生的道路。」

主題22：轉型危機

這個主題指的是兩個人發生衝突、陷入僵局，甚至鬧分居的時刻。這種事可能發生在現在，也可能發生在將來。如果你或你的伴侶出現了情緒反應，長期受壓抑的憤怒、劇烈的不適感，或是想要攻擊對方的念頭冒出來，那麼很有可能是「轉型危機」正在浮現。有時候，這些長期受壓抑的感受極其強烈，讓親密關係有一拍兩散的危險。儘管這可能是極其艱難的時期，但它顯示巨大的轉變正在發生。如果你長了膿腫，就得切開它，才能讓身體痊癒。**舊日的傷痛必須「浮出水面」，你得看清它們背後的痛苦，才能將痛苦澈底釋放。**不幸的是，這些傷痛往往被視為親密關係中，衝突或矛盾的根源。在這個時候反應過度，可能會讓你失去真正值得重視的人。但如果你太過消極，逃避這種情緒爆發，也可能失去這場轉型危機帶來的寶貴成長機會。你只要保持鎮定，就會看到，在情緒爆發後，釋然感會油然而生。如今，你終於可以放下背負那麼久的重擔了。

實用指南

如果你目前沒有遇到危急情況，這個主題也可以幫你重溫過去錯失的機會，或者為將來的危機做好準備。請選擇最適合你的指南。

當前的危機：內心保持鎮定，盡可能地持續關注自己的情緒和感受。不管你在外界有多活躍，都要盡可能地持續傾聽內心的聲音。努力避免反應過度，但也不要逃避親密關係中發生的事。認真體會舊傷的痛楚，其中一些傷痛已經在你的家族中延續了好幾代。如果你的伴侶正在經歷情緒爆發，請把你的個人感受先放在一邊，悉心照顧對方。最重要的是保持鎮定、注意呼吸。用舌頭頂住上顎，這樣你就不會不假思索，想到什麼就說什麼了。向你的內心、感受和舊日傷痛虛心求教。

現在不是採取行動的時候，而是釋放痛苦的時刻。不要試圖解決出現的衝突，而是盡可能為這些衝突帶去平靜，就像為傷口或瘀腫敷上藥膏一樣。你可以想像自己的本質射出一束光，照進茫茫黑夜般的痛苦之中，或者將這束光投向你的伴侶，照亮對方的痛苦。繼續好好地活下去，不要被情緒爆發害得全身麻痺。只要你好好過日子，盡可能平靜地對伴侶做出回應，傷口會逐漸消失，取而代之的會是美好的饋贈，你們的關係會變得更加親密，更加愛意滿滿。

過去的危機：花點時間靜坐，回想過去發生的危機。事到如今，你仍然感覺自己在受那場危機的影響。重溫那件事，回顧你當時的反應和做法。「見證」那個時刻，就像坐時光機回到那個時刻，觀察當時具體發生了什麼事。你覺得自己錯失了什麼機會？生命給了你什麼樣的饋贈，卻被你忽略了？那份饋贈能怎麼豐富你的人生和親密關係？花幾分鐘時間，閉上雙眼，在腦海中呈現那場危機，心中牢記上述問題。然後，將下列句子補充完整。

- 我錯失了體驗到＿＿＿＿＿＿的機會。
- 當時，生命給予了我饋贈，能豐富我的人生和親密關係，那份饋贈是＿＿＿＿＿＿。

現在，重新閉上雙眼，在腦海中呈現那場危機，見證自己誠心誠意地收下饋贈，抓住機會。不要抱任何期望，只要敞開心扉，關注會發生什麼事。

未來的危機：審視親密關係的各個方面，看是否有可能演變成危機。你做了什麼、沒做什麼、說了什麼、哪些東西可能引發危機？向你的直覺詢問：這場危機是我和伴侶關係中不可避免的一步嗎？如果不是這樣，我現在可以做些什麼來消弭危機，走近伴侶？相信你內心和直覺的指引，遵從它們的引導。如果危機是必不可少的，請在腦海中做下列想像。

花幾分鐘時間靜坐，閉上雙眼，見證危機在未來爆發的那一刻。關注事件提供了什麼樣的機遇、什麼樣的饋贈。敞開心扉接受這些機遇和饋贈，想像這麼做以後會發生什麼事。然後問問自己，透過這場危機，你們的親密關係中出現了什麼新領域。讓直覺回答你提出的問題，將答案融入你的內心。

獨立遊戲：持續否認彼此的需求

當你拒絕承認自己的需求時，就是在拒絕自己的人性。

「我一直有種感覺，我愛布拉德勝過他愛我。」珍妮特抱怨道，「我一直努力讓婚姻保持活力，他卻總是給我潑冷水。」

「能舉個例子嗎？」我問。

「當然可以。上週五，我決定給他個驚喜。我替我們收拾好了外出過夜的行李，放在車裡，找了我妹妹幫忙顧孩子，然後坐在屋外的車裡等他。他回家以後，我叫他上車，跟我一起出去買東西。順便說一句，他根本不想陪我買東西。然後，我把車開到一家溫馨的飯店，大喊：『驚不驚喜？你今晚被我「綁架」了！』他看了看飯店，又看了看我，說：

『哇，珍妮特！太謝謝了，親愛的，我真的好愛你！』」

「真的嗎？」我難以置信地問。

「才怪呢！根本不是！他看起來很擔心，問我們付不付得起房間的費用。真是掃興！」

「該死的，最近我們的錢真的不夠用。我覺得我們是在從孩子嘴裡奪食。」布拉德連忙辯解。

「他總是這樣，總是破壞我的計劃，拒絕和我獨處……當然了，他週末可以跟好兄弟一起出去玩，但絕對不會跟我出去。」

「那是公司舉辦的團建活動啊！」

「哼，反正總有藉口。我只是覺得一直是我追著他跑，要是他能偶爾追我一次就好了。」

「那就讓他一個人待著，」我揶揄道，「無視他。」

「我試過，但他把那看作為我們的關係放長假。結果，他在電腦前面待的時間更長了。」

「是你無視他的時間不夠長吧。」

「真是謝謝你啊，教練！」打了這麼久的交道，布拉德總算是不喊我「博士」了。

「我是開玩笑的啦，」我承認，「你們顯然是陷入了『獨立遊戲』的僵局。布拉德扮演獨立的角色，而你，珍妮特，則扮演依賴的角色。所以，你看起來是深愛對方的那個，他則顯得比較冷漠、疏遠……甚至可能是毫無興趣。」

「我每天都說『我愛你』，」布拉德提出抗議，「只是她從來不相信。」

「大概是因為你說一套做一套吧。還記得幾個月前我告訴你們，夫妻雙方在親密關係中會處於兩個極端嗎？我們主要討論了『消極』和『積極』這兩個方面，但我也提到了其他極端的詞語，比如『依賴』和『獨立』。『依賴』和『獨立』針對的是我們的需求，尤其是對受重視和歸屬感的需求。珍妮特，你作為依賴的一方，會覺得自己比布拉德更忠於婚姻，更深愛對方。你看起來也是比較軟弱的一方。布拉德則得以活出兒時的牛仔夢——特立獨行的牛仔，在牧場上策馬奔馳，只有明月、繁星為伴。」

「是你告訴他的？」布拉德不滿地質問珍妮特。

「輕鬆點，牛仔，這是我們國家很多男孩的夢想。」我向他保證，「獨行俠在別國文化中有其他的象徵物。但我們常常會忘記，特立獨行並不像看起來那麼強大。你其實跟珍妮特有同樣多的需求，也跟她一樣有脆弱的一面，只是你更積極地壓抑、否認它們罷了。」

「那是因為他不像我在乎他那麼在乎我。」珍妮特語氣憤怒，卻有一種高高在上的感覺。

「我在乎的，」布拉德一口咬定，「只是表現得跟你不一樣罷了。」

「珍妮特，在這一點上，我不得不贊同他的說法。在大多數親密關係中，雙方的情緒成熟度是差不多的。」

「說得好！你聽到了沒？」

「不過，在異性戀關係中，女人往往更能體會自己的感受。珍妮特，這讓你對自己的需求更敏感。也就是說，你更容易表達自己的需求——這讓你看起來似乎更依賴對方。」

「你說『看起來』是什麼意思？」珍妮特問。

「呃，你們進入這段關係的時候，不肯承認自己對受重視的需求，也不願意直面這種需求。你們都試圖在不承認它的情況下滿足這種需求。事實上，你們都很獨立，但珍妮特更能體會到這種需求，因此顯得更依賴對方。為了真正走近彼此，你們最好放棄『獨立』或『依賴』的立場，在本性中和對方建立連結。」

主題23：獨立遊戲

獨立通常被視為凡事靠自己，不依賴外人、外物。如果你在你們的關係中是「獨立」的一方，那麼你看上去似乎對伴侶要求不多。你看起來強大而自立，有時候甚至像在照顧伴侶。你似乎需要什麼都能自己搞定，很少（甚至從不）展現出自己有迫切需求。如果你的伴侶擁有上述特點，那你可能是「依賴」的一方。你也許會覺得伴侶沒有你愛他那麼愛你。你也許會透過扮演「完美的伴侶」來「贏得」伴侶的愛，或者是透過另一種方式——也就是抱怨對方不關注自己。

不管你是獨立的一方，還是依賴的一方，你們雙方：

1 進入這段關係，都是因為對受重視和歸屬感的需求。
2 無意識地否認這些需求，獨立的一方否認得更積極。
3 相信獨立是力量的象徵，但事實上它不過是一種否認的狀態，目的是掩飾自己有需求、有脆弱的一面。

如果你和伴侶在玩「獨立遊戲」，你們就會深信自己需要的東西只能從外界找到，儘管最初讓你們彼此吸引的是對「特別感」的需求（我們錯誤地稱為「愛」）。你們都以獨立的姿態進入這段關係，掩飾自己的需求，同時又試圖讓對方滿足這種需求。

獨立源於否認自己的需求，然後再否認需求的存在。保持特立獨行，就是持續否認你的人性。隱藏在人性背後的是你的本質——以人類肉體形式來到世間的天才。如果你拒絕自己的人性，就是在拒絕自己的靈性。

實用指南

以下清單描述了親密關係中「獨立」和「依賴」兩種角色的不同特徵。審視你和伴侶的關係，弄清楚你經常扮演哪種角色。

依賴	獨立
充滿期待	裝作毫無期待
抱怨	從不抱怨
看似比較軟弱	看似比較強大，能夠自給自足

一心只想著伴侶	看似專注於「其他事物」
試圖博得伴侶的關注	注意力沒放在伴侶身上
看似「深愛著」伴侶	會說「我愛你」，但看起來不像在深愛著對方
更注重親密關係	更關注外部世界
比較「忠誠」	比較薄情

有些伴侶會輪流做獨立的一方，有些伴侶的角色則完全固定——不過，同一個人始終扮演「獨立」角色的情況並不多見。看完上面的清單後，你可能會想：為什麼要放棄「獨立」的角色？畢竟，它看起來比「依賴」的角色更強大，也更自由。答案是，「獨立」的角色並不真實，只是在否認自身需求。為了認清真實的自己，就要直面人性的脆弱，透過幻象看清靈性的自我。**放棄獨立，走近伴侶，就是朝自我邁進。**

如果你發現自己在扮演「獨立」的角色，下列步驟能幫你擺脫這個角色，走近你的伴侶。

1 認知到伴侶的依賴性反映了你自己的依賴性。

2 問問自己：「我的伴侶透過口頭或肢體語言表達了什麼需求？」（這些需求通常是受重視、歸屬感、安全感或力量感。）

3 問問自己：「如果我現在處於伴侶的位置，會希望對方怎麼對待、回應我的需求？」

4 遵從內心直覺的指引。請記住，**你是怎麼對待伴侶的，就是怎麼對待自己的。**

理性謊言：切斷深層連結的防衛機制

理性解釋只會把你帶進死巷。

「我這人很情緒化。」兩個人剛坐下，蘇珊就說。

「這方面的證據我們已經見過不少了。」桑傑頗為戲劇化地壓低了聲音說。

「你還滿風趣的嘛。」蘇珊諷刺地說，「而且，不僅僅是在我生氣的時候，在我不高興的時候也是。我很想說說我的感受，但不知為什麼，他就是聽不進去。就像那天，我在醫院裡工作很不順心——真是糟糕透頂。由於流感蔓延，病人比往常更煩躁，更需要關注，卻有三個護理師請了病假。我真想辭掉護理長的工作，跑回菲律賓——離那家醫院愈遠愈好。我回到家的時候，感覺自己失敗透頂，而且為人糟糕。我跟桑傑說了我的感受，他卻引用印度教黑天神的話，告訴我一切都是虛幻的，一切都會過去，不要眷戀世間萬物……你能相信嗎？他竟然還講大道理，講的還是這個！我只想狠狠地搧他一巴掌，我是說真的。」

「我只是想要安慰她啊。」

「你覺得為什麼沒用？」我問他。

她只是想發洩一下。我知道應該讓她說出來，讓她知道我在認真聽，可是……我也不知道……我真的不喜歡看見她不開心。」

「噢，好吧，反正引用《博伽梵歌》裡的話可幫不上忙。」蘇珊厲聲說道。

「如果你能聽進去，還是能幫上忙的。」桑傑還在嘴硬。

「桑傑，我們已經做過好幾次諮詢了，你覺得她當時有什麼感覺？如果要從一無是處、被人拋棄、失望和心碎這三個裡面選一個，你會選哪個？」

「當然是一無是處了。可能她也對自己很失望。」

「在他說一堆大道理後，我感覺被人拋棄了。」她補充說，「我感覺痛苦只能自己扛。」

「那你又是怎麼做的？」桑傑反駁，「每次我心情不好的時候，你都會對我做『賽前喊話』，說什麼感覺不好是我自己做的選擇，我明明可以選擇感覺好起來的。」他轉身看著我說，「她告訴我，要在腦袋裡塞滿快樂、積極的念頭，感覺糟糕是不理性的。如果我能冷靜地分析自己的處境，就會發現沒什麼值得煩心的。她會變得不耐煩，對我很不屑，說我是小題大做。我對她說的那些話，有哪句比她對我說的更過分？」

「沒有。」我的回答很簡短。

「嗯，你告訴她呀！」

「沒有更過分的。」我轉身對蘇珊說。

「我只是想讓他振作起來。」蘇珊還在堅持。

「我也只是想安慰你。」桑傑立刻反擊。

「你們憑什麼這麼說？」他們都沉默了一陣子。

「我覺得我從印度史詩《摩訶婆羅多》中汲取了智慧。」最後，是桑傑先開的口。

「誰告訴你這能幫上忙？」

「我也不知道——大概是我腦袋裡的聲音吧。」

「那個聲音是理性的，還是不理性的？」

「呃，好像滿理性的。我看見蘇珊不開心，想讓她開心起來。顯然，她陷入了沮喪和自我批評，嗯……也許還有點自憐自艾吧。於是，我覺得可以幫她意識到這種糾結，這樣她就能看開一點了。」

「你覺得你像……像聖雄甘地一樣說話，就能讓我感覺好起來？」

「先等等，蘇珊。我們等等再說這個好嗎？你能告訴我，桑傑不開心的時候，你是憑什麼給出建議的嗎？」

「我覺得那是常識啊：他心情不好，滿腦子都是不開心的念頭，所以邏輯告訴我，不開心的念頭會帶來不愉快的感覺。想一想積極、開心的事，就能擺脫不愉快。」

「如果你在工作中遇到了煩心的事，桑傑把這番話說給你聽，你覺得會發生什麼事？」

「呃，我……」她停頓了幾秒鐘，突然露出了微笑，「……我肯定會殺了他。」

「就是這個道理。」我答道，同時也對她微微一笑。

主題24：理性謊言

也許在親密關係中的某個方面，你看不到與伴侶建立深層連結的可能性。這個主題表明，**阻止你走近伴侶的可能是你的恐懼，只是偽裝成了理性思維而已。**理性思維很有用，但當你害怕面對心聲催促你去做的事時，理性思維也會被用作防衛機制。為了避免直面自己的恐懼，你會編出一大套理性解釋，證明自己沒做某件事是有道理的——但這些「理性謊言」最終可能會導致更大的問題。人擁有將某種行為合理化的能力（在你心目中，自己永遠是好人），免得自己產生不適感。然而，不適感是很有必要的，因為它會告訴你，現在是成長的好機會——要是不成長，就會停滯不前。

實用指南

首先，將下列句子補充完整：

1 我和伴侶沒有處理的問題是＿＿＿＿＿＿（例如：性生活、溝通、親密感、金錢、雙方父母、孩子、工作等）。

2 對於為什麼沒有處理這個問題，我給出的理性解釋是＿＿＿＿＿＿（請描述你和伴侶討論這個問題時用的邏輯論證。例如：他的反應過度了，討論也沒用，沒辦法擺脫這種困境，又不是什麼大問題，反正這件事我們以後還會再吵的，等等）。

3 事實上，我避免處理這個問題，是因為它讓我感到＿＿＿＿＿＿（例如：一無是處、罪惡感、不安、氣餒、絕望、無助等）。

不管你給出的理由多麼嚴謹，請停下來想一想那套邏輯論證背後的東西。請問一問自己，你將某種行為合理化是為了什麼，這麼做能讓你離伴侶更近，還是只會讓你們愈來愈遠？如果是後者，你的理性思維就受了你的防衛機制控制。事實上，它完全可以擺脫控制，轉而為你的真心服務。一旦你做到了這一點，「理性謊言」就會澈底終結，體恤對方的理由就會浮現。即使你還沒有準備好走近伴侶，跟他討論問題或表達自己的感受，你仍然變得對自己更坦誠了。如果你願意，也可以意識到自己脆弱的一面，並將它們視為能量，而不是視為威脅。這有助於提升你的情緒成熟度。

替罪羊：向前一步，向愛靠近

別把對伴侶的看法，當作闔上心扉的藉口。

「他現在搬去客房睡了。」從電話那頭傳來的聲音無比絕望。前一天剛下了大雪，伊玲住的街區還沒恢復供電，路上的積雪也沒人鏟，但她堅持要做諮詢，所以只好透過電話進行了。

「你對此有什麼感覺？」

「我只想放棄。這實在太難了。」

「你說『放棄』是什麼意思？」

「我的意思是放棄試圖改善關係！放棄跟他在一起。」

「好的，我支持你這麼做，」我向她保證，「百分之百地支持。」

「什麼？你是說，我放棄也沒關係？」

「放棄試圖改善關係？當然了。」

「但你是親密關係顧問啊！你不是應該幫人修復關係嗎？或者說是治癒？」

「我是教練，不是顧問。我幫人們直面親密關係中的挑戰，從而不斷成長。」

「可是，傑森已經放棄了。除了付帳單、買雜物、做家務之外，他一句話都不跟我說。每次我問他到底發生了什麼事，他就會離開房間。我們的關係結束了！」

「那麼，傑森現在在客房？」

「對。因為下大雪，他今天沒上班。」

「客房裡那個身體還在呼吸嗎？」

「你說什麼呀！當然在啊。」

「當你想到他在客房裡，想到他的一舉一動時，仍然會有情緒反應？」

「嗯，對。我感覺很受傷，」她停頓了一下，「還有一點生氣。」

「那麼，你還跟他處於衝突之中。」我告訴她，「所以說，你可以從這個機會中獲益。這是吸取教訓、不斷成長的好機會。」

「但他一句話都不跟我說！解決衝突需要兩個人才行，對吧？」

「事實上，**維持衝突才需要兩個人。解決衝突只需要一個人就行。**」

「那麼，我應該離開——離開他嘍？」

「你是自由的，隨時可以離開這段關係。」我說，「如果沒有離開的自由，就沒有留下的自由。但我不是建議你離開。」

「那麼，我應該留下來，跟他一起努力？」她滿腹狐疑地問。

「是離開還是留下，這完全取決於你。只是不要拿傑森當作你不繼續成長的藉口。如果你把他當成替罪羊，把他變成故事裡的壞人，很容易讓自己成為惡人罪行的受害者。」

「但我實在沒辦法想像，我留下來能有什麼好處。」

「如果這就是你的感受，你可以選擇離開。不過，沒必要為了你對傑森做出的決定自責。如果直覺或感受告訴你，離開最合適，那就離開。如果你選擇留下，也要是出於同樣的原因。怎麼做對你的成長最有好處，就怎麼做。如果你拿傑森當替罪羊，就給了他壓倒你的權力，而事實上他並沒有這種權力。他在他的房間裡，舔舐傷口，強化防衛，或是變得麻木……或是不斷成長。不管他在做什麼，那都跟你沒關係。」

「如果他拿我當替罪羊，那又會怎麼樣？」伊玲問。

「那是他的自由。我接下來說的可能並不準確——我有時候會這麼打比方，不過我還是說了吧：在我看來，真正的學習不是源自大腦，而是源自心靈。我們的腦袋裡充滿了邏輯、理性的思維和信念，但那裡沒有智慧，也沒有情緒成熟。**只有敞開心扉、接受現實，才能獲得智慧和情緒成熟度的程度，那才是通往『情緒成年』的起始點。**傑森顯然在拒絕你，如果你擺出防衛姿態，就可能會闔上心扉，看不到成長的機會。你會拿他來提醒自己，不要相信自己，不要相信人生。」

「我感覺我已經闔上心扉了，」伊玲說，「一直敞開心扉實在是太痛苦了。」

「這種痛苦殺不死你的，而且也沒有第一次出現那麼難熬了吧。**痛苦看似強大，是因為我們在面對它的時候，會相信自己渺小又卑微。**拒絕拿傑森當替罪羊，就是向真正的體驗敞開心扉。你會得到寶貴的機會，看到真實的你，而不是僅僅沉浸在痛苦中。」

主題25：替罪羊

這個主題顯示，你會在親密關係中將伴侶視為「壞人」。你也許會以伴侶的做法或態度為藉口，解釋自己為什麼會不開心，為什麼沒辦法更坦誠地去愛。事實上，這背後是你對成長的恐懼。最重要的是要記住，**人類最大的恐懼是對愛的恐懼。**人類對死亡的恐懼都比不上對愛的恐懼，因為無條件的愛需要放棄控制、失去自我。就算是失去生命，還有希望在另一個世界保持自我，但**如果完全臣服於愛，我們就會出於本能地認定，自己將徹底失去自我。**

向伴侶邁出一步，通常意味著卸下心防，向愛靠近。你無意識的防衛機制會自動尋找方法逃避愛，也就意味著逃避你的伴侶。因此，在沒有意識到自身動機的情況下，你會試圖以伴侶的做法、態度或外表為藉口，解釋你為什麼無法在親密關係中更進一步。在拒絕伴侶的同時，你可以安全地拒絕愛。

你想過自己只是害怕去愛嗎？**有意識地停止拿伴侶當替罪羊，意識到你對伴侶的態度**

或做法做出的種種解釋不過是藉口，不過是為了掩飾自己的恐懼。害怕去愛本身並沒有錯——這是人性，然而，硬要伴侶為你的人性負責，則會產生副作用。

實用指南

無論你將伴侶的哪方面視為親密關係的阻礙，為了不再拿對方當替罪羊，請將下列句子補充完整。

- 我的伴侶，我一直在拿你的______（描述做法、態度或外表）做藉口，不願帶著愛意和接納走近你。
- 我害怕，如果我走近你，就會感到______（例如：不安全、沒價值、卑微、無力、氣餒等）。
- 此時此刻，我不會拿你當替罪羊，而會______。

如果你選擇直面這種感受，不妨把手放在身體的某個部位，閉上雙眼，把注意力放在那裡。這麼做會對你有所幫助。你可能會將那種感受視為五彩斑斕的能量形態，或是感覺到它在你體內震顫或發光。你愈是把它視為一種能量，就愈能深入它的核心，看清自己的本質，發現那些平和、喜樂與愛的力量正等著迎接你的到來。

第三階段：內省

審視親密關係的內省階段，以及其為你提供的擺脫關係僵局、情感融合和犧牲者角色的機會。關鍵在於接受自己人性脆弱的一面，超越它造成的限制，找到自己快樂、平和、充滿愛意的本性。

倦怠：釋放你的激情

倦怠掩飾了對自身創意的恐懼。

「我想過找你預約一次諮詢，但後來發現，給你買啤酒要便宜得多。」服務生把兩杯琥珀色的麥酒擺在我們面前時，賈馬爾說。

賈馬爾住在一個高檔社區，事實上白人並不多，主要住的是亞裔、阿拉伯裔和非裔。他現在住的地方跟我們一起長大的貧民區有天壤之別。

「你想聊什麼呢？」我問。

「呃，我真的很不想說的。」我的朋友回答，「你知道，從上高中的時候起，我就愛梅薇斯愛到發瘋。她是個很棒的妻子，還是我的好朋友……理查和海莉覺得她是世上最好的媽媽——他們都三十好幾了，每年還買咖啡杯給她當生日禮物，杯子上印著『世上最好的媽媽』。」

「我見過那些杯子。」我提醒他。

「噢，當然了。話說回來，她真的很棒，我也很愛她……」

「可是？」

「可是，我也不知道……跟她在一起的時候，我只覺得……死氣沉沉。兄弟，我覺得無聊透了！我覺得我們就像活在賀曼公司發行的賀卡裡——幸福美滿的一家人，過著幸福美滿的生活。一切都很完美，可是……」賈馬爾搖了搖頭，又喝了一口酒。

「也許就是因為太完美了？」我問。

「這話什麼意思？」

「呃，很多夫婦都有錢的問題、孩子的麻煩、溝通困難、性生活乏味……甚至是雙方父母的問題。可是，你們這些方面都沒問題，所以——」

「呃，性生活還能更好一點呢，至少可以再頻繁一點。」

「噢，別發牢騷了。」我笑了，「我想說的是，那些夫婦在生活中遇到了各式各樣的問題，根本沒機會意識到自己會覺得無聊。而你呢，生活一帆風順：你家財萬貫，有完美的太太，跟孩子們的關係也好——」

「是年輕人，」他糾正了我的說法，「他們不想被叫做孩子。」

「我覺得聽起來怪怪的：你好，賈馬爾，你太太和年輕人怎麼樣？話說回來，沒有特別大的壓力源能分散你的注意力。所以，你發現自己覺得無聊了。」

「我還真是走運啊。」賈馬爾一臉諷刺，「那我能做點什麼呢？我甚至不願承認我厭倦了梅薇斯——聽我這麼說，她會心碎的。」

「首先，你不需要把這想成是梅薇斯的事。」

「嗯，你說得對，但我們能做點什麼呢？一起外出旅行……玩極限運動……做陶藝……上舞蹈課……」

「我做的這一行又不是給人提建議的。」我告訴他。

「算了吧，你都下班了。」

「我做的這一行也不是給朋友提建議的，就算是他們付錢買酒也不行。」我又喝了一小口麥酒，「不過，我可以告訴你，我什麼時候會覺得無聊——就是我沒創意的時候。」

「我剛才不是提到了做陶藝嗎？」賈馬爾提醒我。

「那肯定會是個創意大挑戰。」我笑著說，畢竟，這傢伙連紙飛機都摺不好，「就像我剛剛說的，我把感到無聊視為一個機會，讓你別再偷懶，變勤快一點，做點有創意、有趣味、有挑戰性的事。你選擇做的事可能會讓你們的關係更上一層樓。就算你不是跟梅薇斯一起做，也能為你們的婚姻帶來新能量。」

「那麼，你是建議我做點有創意的事嘍？」

「我可沒建議你做任何事。」

「在我聽起來，這很像是建議啊。」賈馬爾揶揄道。我選擇無視他。

「感到無聊還給了你一個機會，讓你審視自己的人生：**你是誰？你為什麼在這裡？你人生的目標或者任務是什麼？**當我對自己提出這些艱難的問題，深入內心尋找答案的時候，就再也不會感到無聊了。一場全新的冒險開始了——那是一場永無止境的冒險。」

「我能看得出，你說的第一點對我們的關係有幫助。」賈馬爾承認，「來點創意會對我和梅薇斯有好處。但我不明白探索內心有什麼用，這不會讓我離她愈來愈遠嗎？」

「也許你是真不明白親密關係的目的，」我說，「但也許你也不需要關注這個。」我揶揄道，「畢竟，這只適合成年人。」

主題26：倦怠

這個主題建議你直面親密關係中的倦怠感。如果你沒意識到自己覺得無聊了，不妨看一看你平時需要多少種消遣方式。你用了多少東西讓自己保持興奮？比如電腦、工作、美食、酒精或者別的發洩方式。相比之下，你有多少次是僅僅透過與伴侶心意相通，或是忙於創意活動，就感到興奮不已？我們傾向於認為倦怠是一種不安、不適的心理狀態，源於被單調、乏味的環境限制。事實上，倦怠感是在壓抑某種富於激情的能量。如果把這些能量釋放出來，激情與創意的浪潮就會將倦怠感一掃而光。

倦怠感使你處於依賴狀態，等待外人、外物為自己提供出路。**擺脫倦怠感有98％在於第一步——促使自己付出，或是讓自己想要付出。**

實用指南

想要喚醒你內心熱情如火、富於創意的天才，就必須向你的直覺和想像力求助。這兩個要素相結合，將為你打開充滿無限可能的大門。但請記住，你的創意衝動常常會促使你邁向不敢走的方向。此時，你也許會意識到，**倦怠感其實是在表達你對自身創意的恐懼。**

選擇1：列出你一直想要嘗試，但又猶豫著沒去做的前十項活動（近年來，這被稱為「遺願清單」）。在清單正上方，寫下你希望和伴侶一起進行的活動或消遣。它們需要你充分發揮創意，展示你冒險的一面。列好清單後，去找你的伴侶，讓對方選擇他準備好去試的那一個。等你選定了一項活動，就一步步克服內心的恐懼，把它變成讓你興奮的泉源吧。就算伴侶不想跟你一起做，你也可以獨自進行。如果動力源自你的內心，那就追隨你的靈感來源吧。這將豐富你和伴侶的關係，加深你們之間的連結。

選擇2：嘗試情感冒險，打破固有模式，用全新的方式向伴侶表達愛意。這將充分展示你對伴侶的欣賞，同時展現出你風趣、有創意的一面。採取這樣充滿創意的步驟，事先不可能知道能否得償所願。這會讓你擺脫倦怠感，對伴侶充滿激情。如果你對這麼做的結果不抱任何期望，而且本意是好的，那麼倦怠感很快就會消失無蹤。

投射：學會接納自己的不同面向

你愈是走近伴侶，就愈能看清自己。

「我讀了一本講投射效應的書，我覺得桑傑把他爸的很多問題都投射到我身上了。」蘇珊說。

「我不太懂。」我表示。

「她找到了一種批評我的新方式。」桑傑提出。

「看見了嗎？他又這樣了！他爸總是批評他，所以每次我說出對他的看法，他都覺得我是在批評他。」

「呃，我想這是個不錯的理論。」我謹慎地表示，「但我不確定這個說法是不是百分之百正確，至少你說的跟我理解的不大一樣。」

「你知道投射效應的，對吧？」

「嗯，知道一點。」

「如果我們不喜歡自己的哪個方面，就會否認自己有那個方面，並把它投射到身邊的人，尤其是伴侶身上。至少我讀的那本書是這麼說的。」

「還是跟我理解的不大一樣。我們來一步一步地看看你舉的例子，好嗎？你們都覺得沒問題吧？」他們都點了點頭，「第一步，蘇珊說出對桑傑的看法——也許是針對他的做法、態度或外表。第二步，桑傑將蘇珊的看法解讀成批評，就像他老爸會做的那樣。第三步，蘇珊堅持自己沒有批評桑傑，只是在陳述看法。第四步，她認為桑傑把他老爸的行為投射到了她身上。第五步，桑傑把蘇珊的這個回應視為批評。第六步，蘇珊說桑傑又把他老爸投射到了她身上，就這麼反覆循環……我描述的準確嗎？」

「我覺得滿準確的。」桑傑表示贊同。

「也許有點太準確了。」蘇珊的臉微微有些發紅。

「那麼，蘇珊，我有兩個問題要問你。第一個問題：桑傑被他爸批評的時候，他把誰投射到了他爸身上？第二個問題：桑傑指責你批評他的時候，你又把誰投射到了他身上？」

「噢，該死，現在我真的被搞糊塗了。」蘇珊痛苦地雙手抱頭。

「我不想深入討論『投射』這個問題，所以會盡量說得簡單一點。據我瞭解，你從伴侶身上感知到的一切，無論好壞，都是你自身想法的展現，是你投射到外界的。如果你沒起那個念頭，就不會看到它。」

「所以說，桑傑覺得我在批評他的時候，他投射的是他的……」

「他內心的批評家。」我幫她補完了後半句。

「我叫蘇珊別再批評我的時候，她看到的是……」

「她內心的受害者。」

「但如果她是真在批評我呢？」桑傑問。

「她是在大聲呼救。」

「哇！這個說法是從哪冒出來的？」蘇珊大喊。

「人不開心的時候才會批評別人。不開心是我們脆弱的一面，所以當你受批評的時候，你內心會受到傷害。我們脆弱的一面總在大聲疾呼，尋求幫助。如果桑傑能跳出對自己內心迫害者的投射，就能看出自己的伴侶只是不開心。」

「這也是一種投射，對吧？」蘇珊總結道。

「沒錯。」

「嘿，我熟能生巧了呢！」她歡呼起來，跟我和桑傑擊掌相慶。

「好吧，現在我能看出蘇珊受了傷，也能接受這是我的投射，那接下來呢？我該怎麼做？」

「你可以意識到自己的感受，然後開始『經歷整個過程』。」

「什麼？女友在對我『狂轟濫炸』，我卻得靜靜地坐著，體會自己的感受？我可不這麼認為！這不可能！」

「沒有去做，不代表就不可能做到。」

「這個時候，我應該怎麼做？」蘇珊問。

「什麼也不做。」

「噢，所以什麼都得我來做。」桑傑連聲抱怨，「我得做個好人，應對內心的感受，她卻可以盡情享受。真是棒極了！」

「我倒覺得聽起來滿不錯的！」蘇珊開心地說。

「我說的是，她什麼也不該做。我不是說過我是怎麼看『應該』這兩個字的嗎？」

「對呀，對呀，」蘇珊不屑地回答，「你不大喜歡它，對它沒感覺，對它不感興趣，等等等。」

「對於一個信天主教的女孩來說，你還真是滿口無遮攔的啊。」我開玩笑說，「總之一句話，桑傑，讓蘇珊做她那個時候需要做的事。你可以試圖改變她或控制她，但那就像跳到電影院的銀幕前面，試圖改變銀幕上演員的一舉一動。直接轉身去放映室會容易得多。想一想，等你對自己脆弱的一面做出回應，走完過程，會把什麼東西投射到蘇珊身上？」

「平靜。」過了一會，桑傑微笑著說。

主題27：投射

有一種說法是，所有的感知都是你內心動態和過程的投射。因此，無論你從伴侶身上看到了什麼，那都是你自己的一部分。你可能並不同意這個說法。你會看著伴侶的做法，一口咬定：「我才不會這麼做呢！」然而，投射更多涉及一個人表達的態度或感受，而不是實際行為本身。因此，儘管你也許永遠不會像他那麼做，但引起這種行為的東西，卻一直深藏在你內心。你的伴侶可能會在公共場所口無遮攔，說出你永遠不會公開說的話，但也許你內心也存在這種妄加評判的傾向。你覺得自己的做法比伴侶的做法好，只不過是試圖否認自己不討喜的一面。**當你將伴侶和其他人視為自己的投射時，就會提升意識，走向成熟。**透過接納這種投射，你可以收回自己的一部分。一旦兩者結合，投射就會變成寶貴的饋贈。

實用指南

回答下列問題。這個練習會帶你透過一系列步驟，接納自己的投射，將它們融入內心。

1 描述你不喜歡伴侶的某種行為：＿＿＿＿＿＿＿＿＿＿。

2 你認為這種行為背後的態度是什麼？（例如：批評、控制、操縱、黏人、不支持、爭強好勝、不知感恩、漠不關心、不在乎、不信任、懷疑、妄加評判等）__________

3 你是否發現自己也有同樣的態度，只是表達方式不一樣？

4 這種態度受到哪種基礎情緒的影響？（例如：一無是處、對受重視和歸屬感的需求、不安全感、被遺棄感、昔日的心碎、焦慮、恐懼等）__________

5 你是否發現這種情緒也在影響自己？

6 重複第1到第5步，至少重複三遍，直到你覺得自己完成了練習。

做完上述練習，直到你覺得滿意後，重新審視每種態度和情緒對你的影響，向自己或別人描述你的內在感受。在生活中，無論你是怎麼以與伴侶不同的方式表達出來的，侷限性都是一樣的。你的伴侶只不過比你表達得更直接罷了。你可能會抑制自己較為「消極」的本性，或者用不太明顯的方式表達出來——你覺得這樣比伴侶的做法好。但當你意識到自己也有同樣的特質時，就會重新整合那些你過去否認的特質。

現在，找個舒服的姿勢坐下，閉上雙眼。想像你的伴侶就站在你面前，用你覺得難以接受的方式做事或盯著你看。堅持十五到三十秒。然後，想像你的伴侶轉過身，背對著你，慢慢後退，坐下來，與你合而為一。體會、感受或想像伴侶和他的態度與情緒完全融入你的內心。在融合的過程中，充分地接納它們。

如果有足夠的時間，你不妨多做幾遍這個練習，每次針對伴侶的不同面向——只要是你覺得不對或不恰當的方面都行。最初，與自己的投射合而為一會讓你覺得不舒服。但**當你學會接納自己的這些面向後，就會變得更愛自己**。你愈愛自己，在親密關係中能與對方分享的愛就愈多。最後，透過接納你投射到伴侶身上的那些面向，對方可以卸下重擔，不再受你的想法攻擊，你們之間的隔閡也會消失。與自己的投射合而為一時，你會意識到這是一份饋贈。它會進一步揭示你的本質。

道歉：與原諒無關

任何人都可以說「對不起」，但只有成年人才能真正道歉。

布拉德來找我的時候，正與珍妮特處於一場權力鬥爭之中。這場鬥爭與金錢有關。幸虧有前幾次諮詢做鋪墊，他們都知道結束戰鬥的最佳方式，是直面自己的不適感，而不是沉溺於批評和指責，讓伴侶為自己的痛苦負責。現在，他們面臨的挑戰是將這個認知轉化為相符的反應。

「我們的進展真的很不錯，教練，可這次完全是我的錯，她都不想跟我說話了。」布拉德一臉沮喪。他拿了一大筆錢和朋友去做投資，這個決定從兩方面看都很不明智：首先，投資失敗了，他賠掉所有的錢；其次，他沒有跟珍妮特商量，就從他們的共同帳戶中領走了錢，甚至都沒知會她一聲。「我又不是背著她出軌，但她那副模樣就像我真出軌了似的。」

「不管具體情況怎麼樣，背叛就是背叛。」我說，「這看起來屬於『一邊倒』的情況。她扮演受害者，你則成了壞人。你是怎麼處理的？」

「我對她說了無數遍『對不起』。我承認那是個愚蠢的錯誤，我感覺糟透了，一定會好好彌補她，可她一直對我大發脾氣。」

「你是怎麼說『對不起』的？」

「我剛才不是說了嗎——『對不起……我真的很抱歉』。要不然還能怎麼說？」

「你具體是怎麼說的？」

「用嘴說的啊。」布拉德怒了。

「不，我的意思是源自哪裡。是源自你的防衛機制、你脆弱的一面，還是你的內心深處？我想問的是，你對她說話的時候，有沒有豎起心防？」

「我也不知該怎麼回答。我為我做的事感到抱歉，所以才對她說『對不起』。」

「**人們有時候會說『對不起』，以為這三個字是萬靈丹，能讓所有糟糕的感覺統統消失。**你說『對不起』，她就該原諒你，把一切拋在腦後，好好跟你過日子，就像什麼事都沒發生過一樣。」

「對呀，」布拉德回答，「理想情況是這樣的。我是說，為了讓她感覺好起來，我還能做些什麼呢？」

「關鍵不在於讓她感覺好起來。很多人都認為，夫妻的職責就是讓對方開心。」

「總比讓對方不開心好吧。」

「讓她開心，讓她不開心……布拉德，你說的其實是操縱。你說『對不起』，有可能是為了操縱她，讓她感覺好起來。如果是這樣，你就在試圖扭轉她情緒的同時，豎起了心防保護自己。我們還是撇開這些操縱和心防，直接說最關鍵的一點：你到底有什麼感覺？」

「我感覺就像個他媽的廢物！」他大吼。

「那你為此做了什麼？」

「什麼也沒做，」他的聲音變小了，顯得更沮喪了，「這是對我傷害珍妮特的懲罰。」

「這還是你的心防在說話，」我溫和地說，「請你站起來一下好嗎？」令人驚訝的是，他沒有讓我做任何解釋，就從椅子上「啪」地站了起來，「現在，想像你站在珍妮特面前，體會那種挫敗感。你會用什麼樣的姿勢站著？」他雙腳微微分開，雙臂抱胸，垂下腦袋。

「今天早上，珍妮特對我發脾氣的時候，我就是這副模樣。」他傷心地告訴我。

「呃，這是個不錯的道歉姿勢。現在，讓我們來試試別的。雙手放在身體兩側，抬起頭來，繼續體會那種挫敗感。然後，閉上眼睛，想像珍妮特站在你面前，一副遭到背叛的樣子，臉上寫滿責備。」

「這也太難了！」他大喊，「我只想找條縫鑽進去。」

「盡力就好——不要抱任何期望。金錢危機已經讓你覺得自己很失敗了，珍妮特受傷的表情又強調了這一點。請充分感受這一切。**真正的道歉是不帶任何防備的，也不求從伴侶那裡得到什麼。道歉是很純粹的、赤裸裸的。**」

主題28：道歉

在某些場合，你說的話或做的事，似乎傷害了你的伴侶。如果你不承認自己的言行舉止有錯，而是捍衛自己的做法，或為自己的行為找藉口，就會加劇給對方造成的傷害。你這麼做是因為不想面對自己的罪惡感。這麼一來，你的防備或理性否認，就在你們雙方之間築起了一道高牆。權力鬥爭通常都是由怨恨、復仇和報復引發並因此加劇的。

如果你不想陷入惡戰，也可以考慮拆除高牆，伸出橄欖枝。這個時候，道歉就能派上用場了——但我說的不是那種許多人用來操縱對方、為了結束衝突或緊張局勢的道歉。**真正有效的道歉能幫你意識到：(1)你體會到的罪惡感；(2)你背負的傷痛或需求才是惡行的根源。**

當我們試圖逃避自己的痛苦時，就會把它們投射到外界，通常是投向身邊最親近的人。當你以傷人的方式對待伴侶時，你肯定是不愉快的，而且這種不愉快早在你出口傷人之前就存在了。

實用指南

回想你最近一次用言行傷害伴侶的情形，將下列句子補充完整。請記住，如果你不知該怎麼回答，就充分發揮直覺和想像力吧。

1 我最近一次傷害伴侶的時候，做了（沒做、說的是）＿＿＿＿＿＿。

2 回想自己當時的做法，我感到＿＿＿＿＿＿（例如：罪惡感、傷心、羞愧等）。

3 我在那樣做之前，就（有意識或無意識）體會到的不適感是＿＿＿＿＿＿（例如：一無是處、被人拋棄、失望、失敗、微不足道、沒有人要、無力、無助等）。

當你覺得準備好以後，走近你的伴侶，為你說的話或做的事道歉。告訴對方你當時的感受，確保你說的話與內心體驗保持一致。最重要的是，當你邁出這一步的時候，不要期望伴侶原諒你，也不要指望他做出熱情的回應。事實上，你的道歉可能會翻出一些舊帳。對方也許會在一段時間內火冒三丈或悶悶不樂，所以要準備好直面伴侶的反應，而不要豎起心防。否則，你就是在把道歉當作消除自身罪惡感、操縱對方的手段。這麼做是可以理解的，很多人都在用道歉達到類似的目的。但是，這麼做無法幫你直面自己脆弱的一面。**如果意識不到自己的罪惡感和昔日的痛苦，你就無法走近伴侶，也就看不見自己真正的力量——這種力量藏在人性脆弱的一面裡。**

道歉與得到原諒無關，只是幫你面對並接受你大半輩子都在壓抑、迴避的東西。那才是通往真正自由的大門。

【注意事項】

親密關係中有一樣東西常常被人忽視，那就是「無心的傷害」。例如，你說的話或做的事傷害了你的伴侶，但你覺得完全是偶然的，而且自己是無意的。這種事包羅萬象，從打開櫥櫃門時不小心撞了伴侶的腦袋，到忘記結婚紀念日或忘記他期待跟你一起慶祝的特殊節日。你的伴侶可能會反應過度、火冒三丈、拚命數落你，導致你豎起心防，確信自己是無辜的。如果你能把直面內心深處的罪惡感，接受並意識到自己的這種感受，最終就能體會到自己的無辜，而不用費盡力氣試圖證明這一點！

承諾：給予對方無條件的愛

在許下承諾之前，什麼事都不會發生。

「我想我得搬出去了。」伊玲在我對面的椅子上坐下，「他幾乎不跟我說話，把他的東西都搬進了客房。我問他為什麼不乾脆搬出去，但他什麼也不肯說。於是，我告訴他我希望他離開，但他還是一句話也不說！這種狀態實在令人太難受、太痛苦了。」淚水順著她的臉頰緩緩流下。

「為什麼你不搬出去？」

「那是我的房子。」她解釋說，「呃，其實是我們的房子，但房貸是在我名下。」

「你待著沒走只是因為這個？」從傑森突然離開工作坊那天算起，已經過去差不多六個月了。從那天起，他就拒絕討論他的一舉一動，拒絕解釋他為什麼不想跟伊玲說話，拒絕說明他為什麼不努力改善他們的婚姻和生活狀況。

「呃，我們畢竟結了婚。我不想背棄我許下的誓言。我相信婚姻是一輩子的事。」

「你到底是對什麼許下的誓言？」我問。

「呃……你懂的……就是他嘛！我對他許下了誓言，對婚姻許下了誓言。」伊玲說道，似乎這一點是顯而易見的。

「那你就必須留下，對吧？」

「呃，我應該留下，找出解決的辦法。這才是婚姻的關鍵，不是嗎？」

「你是說，就像你父母的婚姻？」

「對，只是他們都不試著解決問題。他們只是不跟彼此說話，繼續住在同一個屋簷下。但至少他們沒離婚！」

「在你心目中，許下承諾就是這個意思？一輩子跟另一個人綁在一起？」

「對！」她略帶挑釁地說，「如果這就是需要付出的代價，我願意。」她緊握雙拳，臉漲得通紅。

「好吧，」我答道，「在我聽起來，你自願被鎖進大牢。在我心目中，承諾的意思完全不一樣。」

「那它對你來說意味著什麼？」

「意味著承諾滿足自己追求自由的渴望，」我解釋說，「**我們所有的承諾都是對自己許**

的，而不是對某個人或其他人許的。如果你打算留在你的房子裡，等著傑森繼續無視你，那就留下吧，因為這有助於你成長。它會幫你直面自己信念的侷限和一無是處的感覺，但這麼做不是為了讓你用這些感受折磨自己。留下來能幫你學會超越它們！」

「但被人這麼對待實在太痛苦了！就像你說的，他完全無視我，就像我一點價值都沒有似的。」

「親密關係中確實會發生這種事。有些伴侶會無視對方，有些會指責對方，有些會批評對方……在親密關係中很容易迷失方向，浪費好多年時間對伴侶的一言一行做出反應。承諾是你的指南針，能幫你記住你想去的方向。」

「什麼方向？」

「向前，」我回答說，「永遠是向前。超越你的信念和侷限……超越感覺的幻象……超越你一個人能走到的距離。不然，你做事、說話甚至思考，都會掉進習慣模式的迴圈。」

「那麼，你覺得我應該留下？」

「我不大喜歡——」

「『應該』這個說法！我老是忘記。」她笑了起來，靠回椅背，「那你覺得我離開也沒關係？」

「離開還是留下，完全取決於你。我關注的是這麼做的目的。如果你留下的目的是堅持某些空想，要把承諾變成一輩子受罪……呃，我可無法支持你。這麼做一點也不明智。但如果你的目的是學習走向情緒成年，或者認識真實的自我，那麼選擇留下還是離開並不重要，關鍵在於你這麼做的目的。」

「所以說，你不會給我建議，告訴我怎麼選更好？」她半開玩笑地問。

「你想要建議？對真理許下承諾。承諾走向情緒成年。伊玲，為了你自己好，承諾繼續前進吧。」

主題29：承諾

這個主題為你提供了一個機會，審視自己在親密關係中許下的承諾有多麼刻骨銘心，以及這份承諾是對什麼人、什麼東西許下的。很多人把「承諾」與「監禁」混為一談，以為承諾就是至死不渝的長期許諾。但很少有人確信，自己能對某件東西許下一輩子的承諾。事實上，**承諾與時間無關，只與「當下」有關。**

有些人弄不清自己是對誰許下了承諾。我不建議你對伴侶許下承諾，而是對自己的情緒和內在成長許下承諾。你對自己許下承諾之後，伴侶關係就能幫你在無條件的愛和真正的幸福中獲得成長。然而，如果你沒有對自身成長許下承諾，就會從有條件的愛和有條件的幸福出發，看待自己與伴侶的關係。例如，當你認可伴侶的做法時，你就會感到幸福，並深愛對方。當你不認同他的做法時，你就會感覺不幸福、不愛對方，或者說沒有對方採取你認可的做法時那麼愛他。

顧名思義，「有條件的愛」是指需要滿足一定條件，才能體驗到你渴望的平靜、喜樂。

有條件的愛是暫時的——你對伴侶寄予厚望，希望對方以某種方式說話、做事。無條件的愛則能讓你體驗到愛的平靜、喜樂——不管你周圍的情況如何，也不管你身邊人的行為方式如何。**無條件的愛關注親密關係的真正目的，而有條件的愛只關注滿足你的個人需求。**

拿這兩種選擇做個比較，不斷地提升你的意識，認識自己充滿愛意、喜樂、平和的本性，這才是親密關係中唯一值得許下承諾的。要向親密關係的真正目的許下承諾，而不是向「無期徒刑」許下承諾。不過，這個承諾可能會持續終生。

實用指南

首先，**你想在親密關係中有何種體驗，完全是由你自己決定的。**請記住，你怎麼選都沒錯。你是希望親密關係幫你提升意識、瞭解自己的本質，還是希望滿足自己對受重視的需求？如果你更喜歡後者，那就沒必要遵循下面的指引，因為你已經對自己想要的關係許下承諾了。但如果你更願意讓親密關係幫你在無條件的愛和真正的幸福中得到成長，那麼以下步驟，將幫你開啟這一過程。

1 想像一下有兩個你，看起來一模一樣。一個你想要感覺自己很重要、很特別，希望伴侶、孩子、工作和身邊的其他人，能讓你感覺到自己特別。另一個你想要擺脫這些需求，想從內心找到幸福，體驗真正無條件的愛。

2 坐下來，閉上雙眼。想像兩個你都站在你面前。

3 關注想靠外物滿足自身需求的那個你，觀察他臉上的表情。

4 然後，關注想從內在體驗無條件的愛和真正的幸福，無論外界環境和別人行為如何的那個你，觀察他臉上的表情。

5 來回看自己的這兩個投影。分別看兩個人的時候，關注你當時的感受。

6 等你準備好以後，看著自己的這兩部分愈靠愈近，直到融為一體。這個合而為一的人是什麼模樣？看到這個「你」的時候，你有什麼感覺？

7 這個人會選擇在親密關係中許下什麼樣的承諾？如果你願意，可以讓你的這個投影轉身背對你，退後幾步，坐下來，融入你的心中。注意這種融合給了你什麼樣的感受。

在內心深處，你一直在向自己許下承諾。

往昔的饋贈：每一段關係都給予你饋贈和教導

當你回首過去，只想說「謝謝」的時候，你就知道自己自由了。

「我想，我不願向桑傑展示我脆弱的一面，有家庭的因素在。」蘇珊說。

「跟你上學時的經歷也有關係。」桑傑指出。

「對，」蘇珊承認，「但如果家人多給我一點支持，我想學校裡的日子也不會那麼難熬。」

「她爸是個徹頭徹尾的神經病！」桑傑解釋說。

「你之前提到過。」我回答，「這話是什麼意思？」

「他是個暴君，」蘇珊詳細地解釋，「有時候，他甚至會對我媽大打出手。我在家裡總是如履薄冰，就像走在雷區一樣，永遠不知道下一次爆炸會是什麼時候。」

「你父親也滿暴力的，是吧，桑傑？」

「對，但他總是有理由。就像我之前說的，他無法容忍我的成績單上出現『良』，或者我在寺廟裡打瞌睡……總之，就是類似的。」

「聽起來有點極端啊。」我說。

「我可沒說他有很好的理由，但至少他覺得自己這麼做是為了我好。可蘇珊的爸爸，要是不喜歡太太梳頭的樣子，就會突然大發脾氣。他會說她聲音太大了，然後拿起梳子揍她，追得她滿屋子跑。」

「是真的。」蘇珊向我確認了這一點，「哪怕他覺得家裡吹來一陣風，他都會狠狠地揍我媽媽，不需要任何理由。」

「你覺得如果你生在另一個家庭，或者父母更慈愛，就會過上更好的生活，感情生活也會更順利嗎？」

「如果只是生在另一個家庭，也許不會。」蘇珊答道，「但如果父母更慈愛，我現在肯定會過上更好的生活，也會更信任桑傑。」

「那是過去的問題，」我輕聲說，「你無法改變。」

「我看見有輛車的保險桿貼紙上寫著：擁有幸福的童年，永遠都不嫌晚。」桑傑評論道，「這讓我想到，說不定換種方式看待父母，對童年——和自己——會有不同的看法。」

「我不知道能怎麼換種方式，看待暴脾氣的老爸和神經質的老媽。」蘇珊堅持說。

「也許你可以從接受他們的行為做起。」我提議。

「我已經接受了，可是——」

「『接受了，可是』這可不算接受。」我打斷了她，「我不是說你應該接受他們的行為，也不是說這件事很容易辦到，但為了指責他們的行為是錯誤的，你就得一直拒絕他們。拒絕某人的時候，你就對他闔上了心扉，也就難以理解他們給你的饋贈和教導了。」

「什麼饋贈?!」蘇珊憤怒地大吼，淚水在眼眶裡打轉，「什麼教導？學會隨時擔心受怕？變得沒有安全感？藏起來不讓人看見？」她的口氣變得十分哀怨，「學會不信任任何人？」

「接受不是發生在腦袋裡的。」見她兩手捂臉，我便輕聲說道。

「呃，我的心扉早就闔上了。我無法接受他們，也沒辦法接受過去的事。」

「也許有一天，你會做到的。當我們敞開心扉去接受的時候，就會有奇妙的事情發生。我們會開始用另一種眼光——沒有被指責和怨恨遮蔽的眼光，看待過去拒絕的東西。我們會透過那些行為和防備，看清楚對方脆弱的一面，就像看清楚自己脆弱的一面一樣。然後，我們會透過一直存在的表象，看清楚他們性格背後的東西。」

「你是說他們的靈性？」桑傑問，「他們的靈魂？」

我聳了聳肩：「我也不知道那到底是什麼。也許是所謂的靈性……或者靈魂……或者本質。就像你看透了另一個人的本性。你會看到他們的天賦、他們的才華……我也不知道，也許還有他們的靈光吧。」

「抱歉，這在我聽來太虛幻了。」蘇珊頗為反感，「在現實生活中，我父母從來沒向我展示過靈光或者靈魂這樣的東西。至於天賦，我只看見兩個神經病互相折磨，害得我苦不堪言。」

「或許你說得對，蘇珊，也許這全是虛幻得不著邊際的廢話。那你為什麼不自己試試看呢？」

「好啊……怎麼試？」

「閉上眼睛，想像你爸爸站在你面前，正在發脾氣。」

「好的，」她同意了，閉上眼睛，「雖然我不大擅長想像。」

「盡你所能就好，重要的是意圖。」

「好吧……我大概能看見他了。」她表示。

「很好。現在，想像你不帶指責地觀察他，用客觀、中立的態度看待他。別著急，慢慢來。如果你能換種方式看待他，既不憤怒又不批評，請告訴我一聲。」

蘇珊沉默了整整五分鐘才開口。

「好了……我能看見他內心受盡了折磨，跟我們一樣痛苦。」她又沉默了幾分鐘，「我還是能看見憤怒和暴力，但也看見了他的痛苦。」

「痛苦是他的錯嗎？」

「不，可是……不……他就像受了傷的動物，大聲咆哮，對全世界發脾氣。他對人很防備，因為他受了傷。」

「試試你能不能看得更深入一點。在受傷之前，你爸爸看起來是什麼樣的？」蘇珊又沉默了好幾分鐘才開口。

「我什麼也看不到，但能感覺到某種……我也不知道，某種……存在。確切地說，不是人，但也不是東西；是我爸爸，但又不是我爸爸。感覺真是……好詭異。」

「你覺得這種存在有什麼你熟悉的特徵嗎？也許在你爸爸沒發脾氣的時候，你瞄過一兩眼？」

「堅毅。」她沉默了幾秒鐘後說，「還有自立。奇妙的幽默感……還有激情，很多很多的激情……我真希望小時候能經常看到這些。想像它們從爸爸身上散發出來的時候，我覺得我真的很愛那個老傢伙……也很欣賞他。」

「從現在起，你會經常看到這些的——從他和你的身上看到。」

主題30：往昔的饋贈

享受親密關係的關鍵在於，你能夠接受伴侶給予你的東西——饋贈和教導，還有極具挑戰性的考驗。有時候，你在過去的關係中沒得到的東西，會對目前的關係形成阻礙。**請將過去的關係視為走向目前關係的墊腳石，記住每一段關係都會助你成長。**當你學會感激過去的關係帶給你的東西時，就能澈底接受它們，把它們變成你的一部分了。反過來，這又會幫你理解，目前伴侶帶給你的饋贈和教導。如果你在目前的關係中面臨挑戰，不妨運用過去關係給予你的饋贈和教導。但如果你沒有真正收下那些饋贈和教導，在目前的關係中，就會感覺還沒有準備好。

實用指南

審視你生命中的每段重要關係，從父母一直到前任。把他們的名字寫下來，在每個名字旁邊，寫下你從他那裡收到的最好的饋贈，以及從他身上學到的最重要的一課。你可能並不欣賞對方的授課方式，當時也沒有意識到這些饋贈，但透過深入觀察，你會發現生命給予你的每份饋贈，以及在每段關係中靈魂對你的教導。你會得到保證——**愛永遠不會離棄你。**你寫下的名單也許是這樣的：

________（人名）

重要的一課：________

最好的餽贈是：________

寫完名單後，再從頭看一遍，從第一個人看到最後一個。從心底默默向每個人道謝，感謝他們給你的饋贈和教導。如果能透過明信片、電話、簡訊或面對面的形式跟他們取得聯繫，告知他們對你的生活有多大幫助，那會更好。透過欣賞這些饋贈，你將學會欣賞得到成長的自己。透過欣賞得到成長的自己，你會發現，在目前的關係中，你能給予對方的東西比你想像的多得多。當你發現自己有那麼多東西能給予對方時，只要信任自己的本性和與生俱來的天賦與智慧，目前面臨的任何問題都能迎刃而解。

痛苦時給予愛：消除痛苦最直接的方式

只要心臟還在跳動，你就能將愛給予對方。

我跟布拉德聊過他失敗的投資後，又過了一個星期，布拉德和珍妮特一起來見我。珍妮特看起來很苦惱，布拉德則有些侷促不安，一臉尷尬。

「我想我現在還是很震驚，」珍妮特承認，「我知道布拉德對他做的事很抱歉，我也沒在生他的氣了——呃，大概還有一點生氣吧，但我無法拋開遭人背叛的感覺。」她拿衛生紙抹了抹眼角。

「簡直是心碎了一地，對吧？」我滿懷同情地問。

「沒錯！」

「你有直面心碎的感覺嗎？」

「我試過，但似乎就是跨不過那個坎，實在無法放下。」

「你是說，你無法放下你編的故事。」我提出。

「這不是我編的故事！」她激烈地反駁，就像我是在侮辱她，「這是事實——布拉德背著我做了明知我不會同意的事。我知道他的投資搭檔人品不好，也告訴過他，我不信任那個傢伙。可他沒聽我的，把我們的積蓄全給了那傢伙。這些全是事實！」

「珍妮特，我知道我的話也許會讓你覺得受了冒犯。但不管是不是事實，你剛剛告訴我的只是你編的故事。故事只是你背負痛苦、存放痛苦的地方。如果你能拋開那個故事，就能不帶指責、不設心防地直面痛苦。**你編的故事告訴你：你應該感到痛苦，你有權這麼做，這種心碎的感覺，是你不得不體驗的。**」

「但那都是實際發生的啊！」她一口咬定，還在抹眼淚，「不然，我還能有什麼感覺？」

「什麼也沒有了。」我安慰她。

「好吧，那麼？」

「你什麼時候才能不再感到心碎？」

「等我們把錢都拿回來，布拉德做出彌補之後。」

「那在此之前，你都得受罪嘍？你說的不就是你編的故事嗎？」

「我做的事永遠無法彌補。」布拉德垂頭喪氣地說。

「你說得對，混蛋！」珍妮特厲聲說，她雖然還流著淚，但突然大笑起來，「噢，該死！照剛才說的，我下半輩子都得受罪，對吧？」

「對，但你不需要這麼做。」我說，「如果你能放開你身上發生的事，還有那種心碎一地的感覺，不帶任何批評、責備、痛苦……或是你編的故事。但問題在於，你是想要自由，還是想要你編的受害者故事？」

「這是打比方，對吧？我當然想要自由了。但我怎麼才能拋開我編的故事？」

「是放開，不是『拋開』。呃，你可以從給布拉德一些東西做起。」

「呃，教練……」布拉德插了一句，「她現在真的很恨我。」

「我不恨你。我只是真的很討厭你。」

「你編的故事說，他是你痛苦的成因。透過給予他一些東西，就能讓故事放鬆對你的控制。」

「但要給他什麼呢？你是說送他禮物，還是為他準備大餐，還是跟他親熱？我現在就能告訴你，這絕對不可能！」

「感謝。」我簡單地答道。

「你是在開玩笑吧？感謝什麼？感謝我們被他害得破產了？」

「珍妮特，你內心聰明又成熟的那部分知道，他並不是你痛苦、心碎的原因。痛苦、心碎的感覺在你體內已經存在很久很久了。他的行為讓你意識到了這一點，但責任不在他。你編的故事說他應該為此負責，但我能看得出，編故事的唯一目的是讓你持續感到痛苦——畢竟，那是個受害者的故事。」

「好吧，那我怎麼才能感謝他？尤其是我現在什麼感覺都沒有。」

「首先，你可以感謝他豐富了你的生活：他的關懷、他的體貼，也許還有他的幽默感……」

「這個我能做到。」她承認。

「然後，感謝他讓你意識到心碎的感覺。這樣，你才能直面這種感覺，將它視為世間經歷的一部分，充分地接納它，走向情緒成年。珍妮特，我們內心深處都有心碎的感覺。在痛苦時感謝對方，就能奪回痛苦、心碎——還有你編的故事——對你的控制權。」

主題31：痛苦時給予愛

這個主題讓你有機會以全新的視角對痛苦做出回應。大多數情況下，痛苦會導致你退縮，離伴侶愈來愈遠。你會縮進孤立狀態，拒絕一切感受，咄咄逼人地把伴侶推開，指責是對方導致你感到痛苦，或是採取被動攻擊的方式。一般來說，當親密關係中出現痛苦的時候，是你把過去的痛苦帶進了這段關係。因此，你的伴侶只是催化劑，而不是成因。事實上，他和你有著同樣的痛苦，只是反應不同罷了。**在感到痛苦時給予愛，這看似不可能做到，但它其實是消除雙方痛苦最直接的方式。**每個人生來就會用獨特而原始的方式表達內心的愛。很少有比「痛苦時給予愛」更能讓你看清這一點的。

實用指南

如果你感覺和伴侶之間有了隔閡，請問問自己，是什麼感覺讓你想與對方保持距離的。直覺會指引你找到最佳答案。隔閡通常源於一無是處、被人遺棄、失落和失望（有時候像是遭到背叛）的感覺，但你可能會體會到更深刻的感受，比如孤獨、心碎、一無是處、缺少目標、嫉妒、絕望、無力和無助。**生而為人有時是很痛苦的，但如果你能充分地意識到這種痛苦，向伴侶發出愛的信號，痛苦就會開始轉化為愛。**

即使痛苦讓你無法動彈，你也能給予愛。想像你內心射出一束光，射進你的伴侶心中。你不需要「感覺像」在這麼做。即使你心中還在拒絕愛，只要意識到這對你來說是最美好的事，靈魂就能引導你走完全程。如果你的伴侶不在身邊，那就閉上眼睛，讓他的面孔浮現在你的腦海中。感受你內心對伴侶的讚賞，讓這種讚賞不斷擴展。如果你願意，也可以用文字寫下來。**讚賞能轉化痛苦，讓你朝著有意識的親密關係邁出新的一步。**

嫉妒：邀請接納和平靜進入內心

嫉妒是一種痛苦，源於對特別感的渴求。

「我才沒吃醋呢！」蘇珊說什麼也不承認，她一直在說桑傑和媽媽的關係讓她感覺不舒服，「我覺得成年男人不該每天都給老媽打電話——尤其是他還跟女朋友住在一起。」

「我喜歡我媽。」桑傑解釋，「對我來說，她就像朋友。」

「這個也很怪。你都三十五歲了，桑傑，是時候放開老媽的圍裙了。你不覺得嗎？」

「你看看，這不是吃醋是什麼？」他問我。

「可能是吧。」我表示同意，「她有這種感覺有錯嗎？」

「沒錯，但至少她可以承認吧。」

「也許她怕向你低頭，怕被看成是弱勢的一方。」

「我需不需要先離開一會，你們再給我做精神分析？」蘇珊忍不住插話。

「抱歉，」我轉身看著她，「蘇珊，如果你真的吃醋了，有什麼理由不承認嗎？」

「當然有。如果我承認，就會覺得矮他一截。」

「如果我有吃醋，我會承認的。」桑傑得意地表示。

「如果？我擁抱你朋友桑尼的時候，你簡直要發飆了。」

「那不是普通的擁抱！那是特別親密的擁抱。」

「我還能說什麼呢？我擁抱別人的時候總是很熱情。」蘇珊樂呵呵地說。

「言歸正傳吧，我們現在討論的是你。」桑傑大聲說，試圖找回優勢。

「事實上，我們現在討論的是你們。」我說，「在任何渴求特別感的關係中，嫉妒都是不可避免的。只要別人看似威脅到了你在這段關係中的特殊地位，你就會感到嫉妒。**嫉妒是一種相當原始的感覺，源於對受重視和歸屬感的需求。**」

「但我知道他不想跟他媽一起住，也不想跟她發生關係，」蘇珊爭辯說，「你不想的，對吧？」

「你腦袋有問題，你知道嗎？」桑傑一臉厭惡地反駁。

我繼續往下說。

「你和伴侶擁有某些特殊體驗，或者想跟伴侶擁有某些特殊體驗。如果別人看似跟你的伴侶有同樣的體驗，或者試圖擁有這種體驗，你就會感覺受到了威脅，同時也會失去歸屬感和受重視的感覺。桑傑看見蘇珊擁抱桑尼，在那一刻覺得自己遭到了拒絕，顯得一無是處。蘇珊看見桑傑和媽媽親密交談，在那一刻覺得自己遭到了拒絕，顯得一無是處。憤怒、嫉妒、好勝心、被拒的感覺和原始需求，立刻統統湧進了你們的腦海。這也許是人類最劇烈的情感體驗了。我們會嫉妒伴侶的朋友、家人、前任、寵物，甚至是他們的愛好或者工作。我們會嫉妒任何占據伴侶生活空間的人或物，只希望這一切只屬於自己。

「我承認，蘇珊以前跟閨密一起出去玩的時候，我覺得很不舒服——她比留在家陪我更開心。」

「我發現你說的是『以前』，桑傑。是不是說你現在已經不吃醋了？」

「呃……也許吧。」他閃避地說。

「算了吧，親愛的，」蘇珊揶揄道，「我都坦白我吃你媽媽的醋了。」

「還沒呢，你還沒坦白呢。」

「好吧，我現在就坦白。我吃你媽媽的醋，還有你的前任，甚至你辦公室裡那個女孩……隨便哪個你可能更喜歡的人。還有，我嫉妒我姊姊，她跟老爸比我更親近。還有我那個女同事，她比我更能吸引男人的關注……我還嫉妒連見都沒見過的人！」

「這又沒什麼。」桑傑反駁，「我嫉妒你覺得特別帥氣的電影明星，嫉妒那些希望跟你在一起的朋友，還有你那些床上功夫比我好的前任……我嫉妒辦公室裡，那個天天被老闆誇的ＩＴ男……光是想想這些事我都累慘了。嫉妒就像一種病——真希望能有解藥！」

「生而為人，有解藥嗎？」我反問。

主題32：嫉妒

這個主題指出了親密關係乃至人生中最大的挑戰。你也許會否認你在吃醋，或者在一定程度上意識到了這一點，正在尋找擺脫困境的方法。如果你否認自己在吃醋，就會在某種程度上疏遠伴侶。因為，如果你靠近伴侶，就會意識到自己有多依賴對方，多希望對方讓你成為世界上最特別的人。**在浪漫的幻想中，特別感被誤認為是愛。當對特別感的需求處於支配地位時，只要你覺得伴侶給某人（有時是某物）的關注或愛意比給你的多，你就會備感痛苦，受盡折磨。**難以戰勝的嫉妒會激起好勝、仇恨、憤怒和需要，但嫉妒遠比它們深刻得多。即使是大多數人伴隨嫉妒而生的暴怒，其實也只是試圖控制這種極端痛苦的感覺。

實用指南

如果你從來沒有嫉妒過，那就沒必要繼續往下讀了，除非你想為將來可能發生的事做準備。如果你目前面臨的情況引起了嫉妒，或者你在過去有類似的經歷，那麼以下練習會幫助你以健康的方式做出回應。

1 回想引起你嫉妒的事的細節。

2 想像你體內充滿嫉妒的感覺，讓自己充分體驗這種感覺。如果嫉妒看似比你的身體還要大，那就想像你的身體不斷擴展，直到把嫉妒全部容納在內。

3 把跟那件事有關的景象全都拋在一邊，把注意力全放在身體的感受上。關注自己感受的核心在哪裡，把意識引入那個核心。鎮定、平靜地觀察它的能量，敞開心扉，接受自己的人類體驗。保持敞開心扉的方法之一，就是想像你真正在乎的人。在腦海中映出那個人的模樣，會有助於你保持敞開心扉。

4 當你邀請接納和平靜進入嫉妒之心時，嫉妒就會漸漸消融，顯露它背後隱藏的東西。

根據情況的嚴重程度和你的嫉妒程度，你也許覺得有必要把這個練習多做幾遍。每次做這個練習的時候，你的智慧、愛和成熟度都會得到成長。

如果你正在感受嫉妒，目前的狀況又不適合冥想，不妨對看似導致你痛苦的人表達愛意，將嫉妒轉化成愛。也許你會覺得這辦不到，但朝這個方向做出任何努力（不管是奉獻、讚賞、想像，還是選擇愛的願望），都會讓嫉妒放鬆對你的控制，使你更接近自己的本質。

心意相通：在患難與共中感受愛

當兩個人心意相通——無論是同甘苦還是共患難——愛總會在那裡。

我跟賈馬爾認識都快六十年了（我們小學一年級就認識了），但這是他第一次向我這個生命教練尋求專業上的幫助。我的意思是，這是他第一次跟我預約諮詢時段，而不是在一輪輪啤酒攻勢中拋出問題。他和太太梅薇斯坐在我對面，看起來很尷尬，也很不舒服。

「好吧，」賈馬爾開口，「我聽了你的建議，開始尋找有創意的方式強化我們的關係，這就是為什麼我們會坐在這裡。順便說一聲，非常感謝啊！」他語帶諷刺地補了一句。

「我沒有給你任何建議，」我提醒他，「到底發生了什麼事，讓你預約了這次諮詢？」

「他決定給我個驚喜，週末帶我去猶他州滑雪，然後去納帕參加品酒之旅。」梅薇斯答道，「我根本不知道他的計劃。他偷偷地收拾好了行李，把所有東西放在車裡，然後喊我跟他一起開車兜風。我們開到機場附近，我才意識到有事發生。」

「我還以為你討厭雪呢。」我說。梅薇斯來自熱帶島國牙買加，一直很受不了加拿大的寒冬。「你也害怕坐飛機，對吧？」

「怕死了！況且我對葡萄酒過敏。」

「你看，我又不知道。」賈馬爾不好意思地說。

「所有人都知道。」梅薇斯和我異口同聲。

「這就是為什麼我們來到這裡。」她解釋說，「從機場回家的路上，我們好好地聊了一聊。顯然，他根本不明白我的感受。我告訴他，我對我們的關係很失望——他不知道我對葡萄酒過敏，也不知道我害怕坐飛機。你知道他說了什麼嗎？」

「我說『從什麼時候開始的』，」賈馬爾告訴我，「她說已經有四、五年了。於是，我為自己不知道這個向她道歉。她說，她已經告訴過我好幾次了，可是……我真的不知道，大概是忘了吧。」

「但這還不是關鍵。我再一次告訴他我很難過、很失望，他只是說了聲『噢』，就一句話也不說了。然後，他打開了車裡的音響，彷彿談話已經結束了。」

「我試著讓她開心起來。不然，我還能怎麼做？」

「呃，你可以跟她的感受建立連結。」我提議，「你可以跟她心意相通。」

「這話是什麼意思？」

「也就是說，你可以認真傾聽她所表達的感受，意識到你自己的感受，然後透過這種感受與她建立連結。」

「可是如果我什麼都感受不到呢？就像有一天我們在吃早餐，她說覺得生活毫無意義，而我——」

「你說真是太糟糕了，然後捏了捏我的肩膀，告訴我該給孩子們打電話了，因為這總能讓我開心起來。」

「心意相通並不容易做到，阿賈。」我用他過去的綽號叫他，「**真正的傾聽需要花時間**。這也就意味著，要打斷你手邊正在做的事——放下你的手機、平板電腦或者別的什麼東西，把注意力放在梅薇斯說的話上面，試圖理解她所表達的感受。然後，意識到你內心同樣的感受或情緒。」

「你在你的婚姻裡就是這麼做的嗎？」他問。

「並不總是這樣，只有自己記得的時候會。」我承認，「我不是說這很容易做到。請記住，梅薇斯要讀懂你的心意也很難，跟你一樣難。」

「什麼？」梅薇斯吃了一驚，「我一直是那個建立連結的人。我總是順著他的意思走，配合他的心情，做他想做的事。但他滿腦想的都是『玩得開心就好，什麼也別想太多』。如果照他的方式，整個世界會變成一個大樂園，誰也不會認真對待任何事。」

「如果照你的意思，整個世界會變成一個大墳場，最重大的事件是下一場葬禮！」賈馬爾酸言酸語地回應。我大吃一驚，這是他們結婚三十年來我第一次見他們鬥嘴。

「建立連結最初可能是積極體驗，也可能是消極體驗，」我插話，「最終要在中心交會。」

「什麼中心啊？」賈馬爾問道，顯然一肚子氣。

「就是中心嘛，」我聳了聳肩，「你懂的——既不消極，也不積極，只是……」

「愛。」梅薇斯幫我補完了後半句。

主題33：心意相通

這個主題顯示你有機會看到，沒有哪一種體驗需要你拒絕伴侶。**建立連結就是跟你的伴侶感同身受。**具體是透過傾聽伴侶的說法，理解他在此時此刻的感受，然後意識到自己也有同樣的感受。一旦雙方意識到了同樣的感受，兩個人就會立刻產生親密感。

如果你的伴侶深感痛苦，你卻沒有跟他感同身受，那就請問問自己，你是否在拒絕你的伴侶。也許你會發現他展現的行為令人反感，毫無吸引力，甚至很傷人。如果是這樣，你就是在為自己的拒絕找理由，證明問題是對方造成的，而不是你。然而，不管你怎麼找藉口，某個跟你很親近的人正在忍受痛苦，伴隨著痛苦而來的是成長的機會。

如果你是唯一痛苦的人，你的伴侶卻沒有表現出同情，那麼痛苦可能會讓你產生罪惡感，你會覺得自己不配得到伴侶愛意滿滿的支持。無論是上述哪種情況，你都是在分擔同一種恐懼——對共同面對痛苦的恐懼。但事實上，你擁有在患難與共中感受愛的絕佳機會，只不過你以為那裡只有痛苦或恐懼罷了。親密關係互動給我們上的重要一課就是，**痛苦同樣是愛意交會之處。**

實用指南

感到痛苦的那個人，是在為雙方「承擔」那個過程。

選項A：如果你的伴侶感到痛苦，請採取以下步驟：

(1)盡可能不要對他的一舉一動做出回應，而要努力體會導致他這種行為的感受。如果你的伴侶願意聊一聊，那你會比較容易理解他的感受。如果你的伴侶表現出憤怒、悲傷或焦慮，請記住，這些都是對更深層感受的情緒反應。因此，請想辦法理解對方最深層的感受。如果你的伴侶不願意表達不適感，你的直覺會為你提供指引——前提是你願意相信它。

(2)弄清對方的關鍵感受是什麼之後，回想自己有同樣感受的時刻，讓那段經歷重新浮現在眼前。注意自己身體有哪個部位感到不適，關注那個部位。

(3)表達你的感受。如果你的伴侶承認有類似的經歷，請繼續跟他一起去感受，敞開心扉。

(4)如果過了一段時間，你的伴侶表達出了某種更深刻、更痛苦的感受，那就從你內心尋找同樣的感受，再次跟對方建立連結，給予對方愛意滿滿的支持和同情。你不用做任何事去處理那種痛苦。時刻意識到那種痛苦，跟你的伴侶建立連結。痛苦是分離的結果。**當你與某人建立連結時，分離就結束了，剩下的只有愛**。

選項B：如果你感覺到痛苦，你的伴侶卻沒有表現出支持，那麼很有可能他比你更痛苦，只是在否認而已。如果是這樣，你可以選擇：

(1)駐留在自己心中，敞開心扉，邀請不適感進入。待在那個安靜的空間，把門敞開，等你的伴侶準備好了再跟你建立連結。

(2)即使你仍然處於否認的麻痺狀態，也請離開痛苦之處，跟伴侶建立連結。**當你和你的摯愛建立連結後，愛就會消除一切陰影**。

最好不要給建立連結的過程設下期限。等你感到平靜的時候，就知道自己走完了全程。

下一步：為生活創造新的機會

下一步總是朝著同樣的方向——超乎想像的地方。

我指導賈馬爾和梅薇斯做了一些建立連結的練習後，賈馬爾看起來似乎想說點什麼。

「說吧，阿賈，有話就直說，」我慫恿他，「你坐在那裡扭來扭去的，就像屁股上長了痔瘡似的。」

「我沒事……我真的不喜歡聊這些。我們婚姻美滿，兒女成才，錢夠花，身體也健康，還有什麼可抱怨的？還有什麼可不開心的？」

「是你說你覺得無聊。」我提醒他。

「無聊，是的，但不痛苦。我真的不想看到梅薇斯不開心。現在，我意識到我一直在否認眼前發生的事，否認這件事很嚴重，想盡一切辦法阻止它出現在我腦海裡。」

「最讓人吃驚的是，你現在才意識到！」梅薇斯說。

「好吧，但你從來沒有真的讓我注意到你。我還記得你經常嘆氣，但你從來沒有堅持要我聽你說。」

「對，我不想搞出麻煩，讓你陽光燦爛的日子蒙上陰影。我為自己不開心產生罪惡感，覺得是我不知感恩。就像你說的，我們的日子過得很不錯。我覺得自己沒資格感到不開心。」

「你和賈馬爾一樣開心，也一樣不開心。只是阿賈否認他的感受，你卻糾結於你的感受。」

「但他總是那麼積極。」她還在堅持。

「積極不是開心。」我答道，「當然，如果在感覺消極和感覺積極之間做選擇，幾乎所有人都會選擇積極。但是，積極之路也會跟消極之路一樣讓你陷入泥淖。體會不適感的好處在於，你會更容易辨識生活提供的機會。」

「什麼機會？」

「邁出下一步的機會。有些時候，我會透過頓悟或所謂的『靈性啟示』或『醍醐灌頂』實現情緒或意識上的成長。但我學到的大部分東西，都源於直面自己脆弱的一面：恐懼、舊傷、侷限性、不安全感等。下一步可能會以『天馬行空』的形式出現，就像賈馬爾想出的點子，然後再以不適感的形式出現，就像梅薇斯抵達機場時那樣。在每段親密關係中，一方展示了邁出下一步的模樣，另一方則展示了對下一步的恐懼。」

「所以說，如果梅薇斯願意直視對飛行的恐懼，我們現在就會在猶他州了。」賈馬爾做了總結。

「或者說，如果你願意直面對自身弱點的恐懼，對梅薇斯的痛苦感同身受，你們就會在別的地方，而不是在我的辦公室裡了。」

「我的下一步看起來比她的有意思多了。」賈馬爾悶悶不樂地說。

「從外表看，也許是吧。但我說到『成長』的時候，指的是情緒上的成長，邁向情緒成年。**直面肢體痛苦的恐懼也許是一種方法，但掌控情緒並直面信念更重要。**別忘了，阿賈，你來這裡是為了擺脫你的倦怠感。倦怠帶來的不適感促使你去冒險。人生的下一步永遠是冒險。有些時候，你可以選擇自己的下一步；有些時候，你會受某些神祕因素的影響；還有些時候，伴侶會向你展示下一步該怎麼走。」

「但我們怎麼知道走的那一步對不對？」梅薇斯問。

「看它會把你們引向何方。」

「何方？」

「意想不到的地方，」我回答，「永遠會超乎你的想像。」

主題34：下一步

你可能意識到了，也可能還沒意識到，自己親密關係中的某個方面存在阻礙，還沒想好要不要直面它帶來的不適感。這種情況下，我們都想維持現狀，而不是踏進未知的領域。也許你並不喜歡關係中的某些處境，也不喜歡關係停滯不前，但由於其他一切進展順利，你寧可先把問題拋在一邊不去管。無論具體情況如何，如果你內心難以平靜，那就說明你受到了召喚，需要邁向你的伴侶，邁向你原本承諾的愛。沒人能預測下一步會把你引向何方，但它肯定會讓你更靠近伴侶——而這通常意味著邁向未知。

實用指南

在親密關係中，邁出下一步的關鍵是意願和決心。你必須樂於讓愛滋長，決心不退而求其次，在生活中打造前所未有的機會。你不需要「刻意」讓某件事發生，事實上，一心改變當下的處境，完全是浪費時間，這麼做只會阻止你的靈感湧現。你的意志和決心會開啟世間普遍存在的能量。這些能量之所以存在，就是為了支持人們表達愛意。

請保持內心的平靜，把注意力放在「走近伴侶」這個願望上。你可能會發現，自己突然有了聊天的欲望，或是突然靈感爆發，建議跟對方「一起做點不同以往的事」。某些情況下，你可能需要在情緒上冒一點險。不過，如果你做出魯莽行為或出現情緒反應，只會延長本該平穩過渡到深層關係的過程。你許下的承諾已經讓你敞開心扉，願意接受指引——請充分信任它，當天地萬物或直覺發出信號時，時刻準備好做出反應。

這個過程中有一個祕密：**當你願意並決心邁出下一步時，生活其實也向你邁出了一步！**它會呈現為某種創造性、啟發性或直覺性的好點子，引導你的行為，帶領你向前邁進，或者呈現為突然出現在你生活中的絕佳機會。

犧牲：出於愛去行動

只有自由而真摯地給予愛，才能自由而真摯地接受愛。

「什麼都沒變，」伊玲還沒脫下外套就大聲宣布，「只是他現在根本不跟我說話了，」她繼續說道，重重地坐在沙發上，「就連房子的事和他的工作時間也不說了。他只是在家裡隨處給我留字條，有時甚至會寄信、傳訊息！他人就在廚房裡，離我才幾公尺遠，還要傳訊息告訴我家裡的雞蛋不夠了——我覺得他腦袋有問題！」

「你是怎麼處理這種情況的？」我輕聲問道。

「我覺得活像下了地獄。現在，我幾乎包辦了所有的家務，關注家裡的財務狀況，還要做飯。我會在流理台上給他留一盤吃的，他會走過來，把盤子端回他的房間吃。」

「他真的一句話也不說？」

「對啊。噢，他給我留了一張字條，貼在我放盤子的地方，上面寫著『謝謝』。我真的很火大，就寫了：『什麼，沒小費？』第二天早上，我走進廚房，看見他給我留了言：『少放點鹽。』我不介意分擔家務和做飯，但有點覺得自己被利用了。我愈來愈恨他了。」

「是什麼讓你堅持下來的？」

「我也想過這個問題，似乎有兩個原因：一是我希望他最終會看清我是個好人，也是個好太太，然後就會從窩裡鑽出來，重新開始欣賞我；二是我這輩子都是這麼做的。每當家裡發生不愉快的事——通常是我父母吵架，我就會開始打掃、幫忙做飯。」

「如果你停下來不做了，你覺得會發生什麼事？」

「我從來沒有停下來過。我現在還在做同樣的事。」

「對，但請想像一下，如果你停下來，會發生什麼事？」

「我也不知道……我大概會感覺糟透了，就像我做錯了什麼事，或者是變成了壞人。這真的說不通啊——我又沒做錯事。」

「**罪惡感不是理性的，而是感性的。**」我告訴她，「你不需要做壞事，只需要感覺很糟糕，然後就會試圖透過做好事加以彌補。這能在一段時間內減輕罪惡感，但最終它還是會捲土重來。你看到傑森臉上冷漠甚至是拒絕的表情，感覺很糟糕，就像你看見父母不開心一樣。」

「對啊！」伊玲驚呼，「我感覺就像跟父母同住的時候一樣！」

「而且，你也以同樣的方式彌補——做飯和打掃。你做好事是為了讓情況好起來。等情況好起來時，每個人都會開開心心的，你就不會感覺糟透了——這就是所謂的『犧牲的邏輯』。一般的情況下，這麼做無法帶來你想要的結果——就算能帶來，也無法持久。下一次你無緣無故地產生罪惡感時，又會開始扮演犧牲者的角色，做同樣吃力不討好的事，最終怨恨那些你為之犧牲的人。」

「但我總不能停下來，不做飯也不做家事啊。」伊玲反駁道。

「就算這能幫你逃離以罪惡感為基礎的犧牲迴圈也不行？」

「但還有別的事啊，像是付帳單、清掃庭院……」

「傑森不是園藝師嗎？」

「別讓我說起這個話題。」她警告我，眼睛盯著地板，搖了搖頭。

「關鍵在於你的意願，伊玲。清掃不是一種犧牲，只是一種客觀而中立的行為，你既可以覺得享受，又可以覺得受罪。這取決於促使你這麼做的動機是什麼。**任何出於義務感、罪惡感，或不是心甘情願去做的事，都是一種犧牲。**你可以出於熱情、喜悅或認同去做某件事。這會對你大有好處，跟出於彌補的心態去做很不一樣。」

「那我要雇一個清潔人員打掃室內，再找一些人來打掃庭院。」伊玲表示，「但我還是會做飯，因為我愛做飯——作為中國人，這流淌在我的血液裡。」

「那傑森呢？」

「我也會為他做飯，但只在我真想這麼做的時候。只是為了給予，而不是為了從他那裡得到什麼。我再也不等他了。我要開始直面自己，為自己著想。」

主題35：犧牲

犧牲不是一種行為，而是一種內心體驗。兩個人在完全一致的環境下做同樣的事，一個人也許會在犧牲中受盡煎熬，另一個人則會體驗到無比的幸福。行為會帶來什麼樣的體驗，取決於促成這種行為的動機是什麼。**犧牲可以源於責任，也可以源於操縱。**

當行為源於責任的時候，犧牲、奉獻就是你在表達罪惡感。這種行為模式也許可以追溯到童年時期，也就是你感覺自己不受歡迎或沒人要的時候。你得出的結論是，這是因為你做錯了什麼，或者你是個壞孩子（罪惡感是非理性的，並不需要有邏輯的理由）。隨後，你決定做點「好事」彌補自己的過錯，雖然你根本不想這麼做。從那時開始，每次你產生罪惡感，就會備感壓力，覺得必須用某種方式為罪惡感做出「彌補」。出於這個動機做事時，你根本無法享受做事的過程，只會在事後尋求回報，證明自己是個「好人」。

以犧牲為方式操縱別人，就是在試圖滿足自己對受重視和歸屬感的需求。需要感覺自己是特別的，這個過程其實一點也不舒服。因此，你必須等到自己的犧牲被別人注意、讚賞或認可。這會讓你不那麼享受自己的所作所為。無論是哪種犧牲，事後都會產生怨恨。

第三種犧牲是採取讓自己不愉快的行為，但對你的身體、精神或情緒存續很有必要。不過，本章並不涉及這種犧牲。

實用指南

這個練習能幫你看清，你做出犧牲不是為了伴侶，而是試圖避免直面自己的罪惡感，或是未滿足的需求。

1 我在做某件事，感覺像在做出犧牲，這件事是＿＿＿＿＿。

2 如果我停止表現得像在做出犧牲，我會感覺到＿＿＿＿＿。

3 我不想直面這種感覺，是因為我害怕＿＿＿＿＿。

當你感覺自己已經準備好，在下一次掉進「犧牲」的惡性循環時，採取以下步驟：

1 什麼也不做。意識到防衛機制的本能就是做出自衛反應，或是試圖將自己的行為理性化，也就是證明你的所作所為是合理的。

2 體會那種罪惡感，將它完全融入你的意識。

3 憑藉直覺或想像力，將內心的罪惡感想像成某種顏色。盡量放鬆，進入那種顏色的核心。

4 只要能意識到罪惡感，同時平靜地觀察它，它對你的控制力就會逐漸減弱。

另一選項：

另一種破除「犧牲」的惡性循環的方法是「出於愛意去做事」。無論你在做什麼，都可以將自己的一舉一動視為對伴侶的饋贈，進而將強化痛苦的無愛心態轉化成滿滿的愛意。這會讓你心中充滿創意、喜樂和使命感，因為你知道這才是最適合自己的。

陰影人物：學會去接受、去融合

誰知道人的心中暗藏著怎樣的邪惡呢？影子知道。——華特．吉布森（Walter Gibson，美國作家、職業魔術師）

伊玲的諮詢結束後，我有一種完成任務的滿足感。教練和來訪者常常會有這種感覺，覺得該是時候翻篇了。我以為再也不會見到她了。因此，當我在家附近的咖啡廳遇見她時，我不禁大吃一驚。只見她容光煥發，氣色紅潤，絕不僅僅是被秋日的涼風吹紅的。

「你來這邊幹麼？」我問。我的住處靠近城市的大學，這邊的住戶大多是學生和教授。

「我在這邊上學，」她開心地回答，「我是說，重返大學。我在讀諮商的碩士學位。」

「哇，我以為你已經有碩士學位了。」

「對，我有企業管理碩士學位——還有設計方面的學位，但我們的諮詢結束後，我對你的工作很感興趣。」

「呃，我也不算諮商心理師啦。但我敢肯定，以你的腦袋，肯定會輕鬆搞定。話說回來，你現在過得怎麼樣？」我不希望她覺得我太八卦，但真的很想瞭解她的婚姻現況。

「三個月前，我和傑森的關係有了轉折。我當時已經放棄了，準備好離開他。然後，有一天晚上，他突然從被窩裡鑽出來，開始跟我說話了！我是說，說出了他的心裡話！」

「太棒了！」我歡呼起來，坦白說，我並沒有那麼驚訝，只是為她感到高興，「你覺得轉捩點是什麼？」

「那是我放棄做出犧牲，至少放棄了做很多事以後。我會做自己真正想做的事，直面出於彌補或『應該』心態做事時，浮現的罪惡感。相信我，那些步驟我走了很多次！當然，我和你最後一次見面也很有幫助。我過得不錯，但他的一舉一動還是會讓我心煩意亂。我想到的不僅僅是他疏遠我，還有我這些年來一直在忍受的東西。他吃東西的時候碎屑掉進鬍子裡，他像樹懶一樣懶洋洋地癱在沙發上，還有他那討厭的說話方式——前提是他真的開口說話了。那個時候，光是想到他，我都會感到噁心。也就是那個時候，我開始計劃離開他。光是看見他從被窩裡鑽出來，為自己做個噁心的三明治，我都會想吐。」

「啊，這麼說，你遇見了自己的陰影人物。」

「對，」她表示同意，「我只顧盯著他糟糕的一面，甚至希望他死掉！我打算打電話給你，再約一次諮詢，但某些東西阻止了我。我內心有個聲音在問：『你的教練在這種情況下會怎麼做？』然後，我想起了你在工作坊裡提到的『投射』：**我們批評別人身上的東**

西，其實自己身上也有。起初，我沒辦法接受這個念頭：跟我同住的那個令人作嘔的傢伙其實就是我。我是說……」她不好意思地咯咯笑了起來，「我明明這麼可愛！」

「後來發生了什麼事？」我問。

她低頭瞄了一眼手錶。「噢，該死，時間快到了。那我就長話短說吧。我不再盯著傑森讓我討厭的一面，而是決定看著鏡子裡的自己，直到意識到那些讓人討厭的東西我身上也有。我不再關注鬍子裡的優酪乳、毛茸茸的胖肚皮，或者其他外在事物或行為，轉而努力尋找我不肯接受、妄加評判自己的那些面向，就像我批判傑森那樣。幾分鐘後，我看見了我的陰影人物。」

「它看起來是什麼樣子？」我聽得入迷。

「就是伊玲，」她回答，「就是我。」

主題36：陰影人物

這個主題探討的是親密關係中的一個面向，也就是你在伴侶身上看見某些習慣行為或態度，那些東西讓你產生了強烈的不適，導致你想澈底拒絕對方。**陰影人物是你本性的一個不同面向**。你會拒絕它，是因為它影響了你滿足對愛、受重視和歸屬感的需求。你一輩子都不想變成那個人，也澈底否認了變成那個人的可能性。

你很難在自己身上看見陰影人物，因為你的伴侶會用你意想不到的方式展現出那一面。

例如，他可能會公開表達對別人的嫉妒，而你永遠都不會說出那樣的話，甚至不願承認自己會嫉妒。你甚至會因為伴侶展現了那一面而覺得他為人軟弱，並用妄加評判讓自己遠離嫉妒。你對伴侶的陰暗面可能有不同的反應，從厭惡、反感，一直到澈底的憎恨。有些人甚至聲稱自己的伴侶無比邪惡，或是擁有黑魔法。陰影人物研究的先驅榮格曾說：「融合陰影人物需要人類極高的道德勇氣。」然而，學會接受、去愛並融合你的陰影人物，這能澈底改變你的一生。

實用指南

第一步是清楚地意識到伴侶的某個面向讓你難以容忍、無法接受。正如所有個人投射一樣，**不要把注意力放在行為本身，而要關注他透過這種行為表達出的性格特徵。**然後，完成以下步驟：

1 我受不了我的伴侶＿＿＿＿（描述行為）。

2 看見那種行為時，我會感到＿＿＿＿（例如：噁心、反感、憤怒等）。

3 透過這種行為，他展現了我的一個面向，也就是＿＿＿＿。

4 阻止我接受自己這個面向的是＿＿＿＿＿。

5 開始接受自己的這個面向時，我體會到＿＿＿＿＿。

把最後一句話補充完整後，請坐下來，全身放鬆，將你體會到的東西融入內心。敞開心扉，熱情地擁抱它。當你感覺內心平靜之後，再選擇伴侶的另一個陰暗面，從第1步走到第5步，或者做下面的融合練習。這個練習非常困難，所以別著急，慢慢來，或者等時間充裕了再做。你愈能接受自己身上曾被你拒絕的東西，就愈能理解並接納你的伴侶。

融合練習

1 找個舒服的坐姿，閉上雙眼。

2 想像你的伴侶站在你面前，展現出你特別討厭的行為、態度或外表。

3 當你看見伴侶的這一面時，注意你有何感受。

4 接下來，想像你的伴侶轉身背對你，退後幾步、坐下來，與你合而為一，將陰暗面完全融入你的身體。

5 注意你的不適感和體內的「陰暗意識」，放鬆下來，盡可能平靜地接受它。

6 幾分鐘後，再次想像你的伴侶站在你面前，展現自己的陰暗面。如果你看見它時仍然感覺不適，請重複第1步到第6步。

獨處：花點時間看見自己

獨處時能感知自身的靈魂，獨處時能聽見寂靜之聲。

「就是伊玲，」她回答，「就是我。」她話音剛落，一個高大、壯實的男人就走進店裡，朝我和伊玲坐的桌子走來。我抬起頭，看見一個面帶微笑、神情愉悅的男人。

「你們在聊我嗎？」傑森問道。他說起話來還是那麼不疾不徐。

「對！不，我們在聊我們的事。哎呀，我真的該走了！你把我的咖啡喝了吧。」伊玲跳了起來，摟住傑森的脖子，親了一下他的嘴唇，然後跑了出去。

「你的鬍子怎麼了？」傑森剛在伊玲的椅子上坐下，我就好奇地問道。

「我們親熱的時候，伊玲覺得它太礙事……你懂的。我們想生個孩子，所以……你懂的。」傑森說話還是慢條斯理的，但沒有我第一次見他時停頓那麼久，「她快四十了，所以我們覺得再不生就來不及了。」

「恭喜。」我不得不承認，第一次見到傑森的時候，我不怎麼喜歡他。我覺得他當時也不怎麼喜歡我。如今，彼此的厭惡感已經煙消雲散，我們開始了友好的交談。

「那麼，伊玲已經告訴你，我們和好了？」

「簡單說了一些。」

「她有沒有提到，我當時疏遠她是因為你？」傑森喝了一大口已經冷掉的咖啡，然後問道。

「她大概把那部分略過了。」

「她是個中國人，大概很關心『外貌』吧。你的，或者是我的——或者是她自己的。不過，她真的很崇拜你。我在工作坊看見她看你的樣子，就像你是個聖人、智者或是別的什麼……我也不知道……我突然覺得自己一無是處。我恨你害我有這種感覺，但我更恨伊玲。於是，我走掉了。我只覺得特別需要一個人待著。」

「所以，就像她說的那樣，你鑽進了你的窩裡。」我說道。跟傑森慢吞吞的語速比起來，我覺得自己說話像打機關槍一樣。

「剛開始，我只是宅在家裡玩遊戲，以此來懲罰她。過了幾天回頭看，那麼做似乎很幼稚。但到那個時候，我已經不好意思出來了。我突然意識到，我不知道該怎麼一個人待著了。」

「很多人都不知道。」我表示。

「你也是？」

「從出生那天起就是。」

「剛開始真的很難熬——尤其是伊玲就在隔壁。我想過搬出去，但那也很難，因為我沒錢。所以我留了下來，開始寫東西。」

「什麼？你是說寫故事？寫日記？」

「我也不知道你會叫它什麼。我想到什麼就寫什麼，我的感受啦、我的人生哲學啦，還問了很多『為什麼』。為什麼我的婚姻會是這個樣子？為什麼世人要受苦受難？有時候，我會氣沖沖地抱怨事情一團糟，質疑上帝是不是腦袋有問題。就像我說的，想到什麼就寫什麼。」他停下來，又灌了幾口咖啡。

「後來有一天，我看著自己寫的東西，覺得我已經胡思亂想夠了。突然之間，腦袋裡有了『目的』這個概念。首先，我問：『**我結婚的目的是什麼？**』但接下來，我覺得也許還有更大的目的，婚姻只是其中的一部分。所以，我開始往後倒推。你懂的……上學的目的是什麼？我父母的目的是什麼？他們那麼對待我的目的是什麼？就這麼一路往後推，回推到『**一切的目的是什麼？**』——世界存在的目的，銀河系存在的目的，一直想到我這個人存在的目的。我是誰，我存在的目的是什麼？我想，如果我能回答這個問題，那麼一切都會回到正軌。就是這個讓我留在了房間裡，雖然當時我已經不生伊玲的氣了。剛開始我很慚愧，不敢面對她。但最終歸納為一點，那就是如果搞不清進入婚姻的目的，我也不想挽回這段關係了。我覺得如果我跟她說話，就無法專心思考了。」

「但你還會去上班，對吧？」

「對，但我把事都悶在了心裡。我那六、七個月都是這麼過的：去上班，回家寫寫寫，去上班，回家寫寫寫……」

「但你最後還是出來了。這是不是意味著你弄清了你存在的目的，弄清了你是誰？」

「我無法用言語表達，無法明確地告訴你。」傑森承認，「簡單來說，就是經過三十八年的沉睡，我現在總算是清醒了。也許我還得鑽回被窩裡，才能澈底清醒過來，但就目前來說，這段婚姻讓我精神抖擻，狀態一級棒。」說完這句話，傑森就站起身來，碰了碰棒球帽的帽簷向我致意，然後離開了。

我下定決心，接下來的半天要一個人獨處。

主題37：獨處

這個主題鼓勵你花點時間獨處。你也許遇到了障礙或深感失望，選擇用思考或體力勞動的方式克服困難；也許在你的親密關係存在問題時，似乎什麼樣的溝通、諮詢、分析或行為調整都無濟於事；也許你所處的情況有很多條路可選，但你不確定哪個才是最佳選項。獨處是你耐心等待、安靜反思、內省、修復關係的絕佳機會。

《奇蹟課程》（*A Course in Miracles*）一書第二十七章提到，「安靜下來的時候，一切都會得到解答，每個問題都會迎刃而解。」有時候你需要獨處，才能與靈魂的智慧建立深層連結，讓它提供給你需要的前進方向和清晰認知。

對大多數人來說，獨處並不容易做到。一段時間的獨處，可能會導致你煩躁不安，感到孤單、寂寞。請記住，**獨處之道乃是光明之道——當寂寞的幻象消失後，你就會發現，自己從未真正孤單過。**

實用指南

如果你的親密關係出現了問題，花點時間獨處是很重要的。請記住，**你是獨立的個體，不僅僅是某人的伴侶、父母或孩子。**獨處讓你有機會意識到自己首先是靈性的存在。把書本、平板電腦、手機等放在一旁，花五到十分鐘獨自散步——可以是在大自然中，也可以是在安靜的街道上，或者一個人靜坐。把注意力放在自己的內在——你的感受、身體感知或是某種體內活動，比如呼吸或心跳。不要抱任何期待，等待並觀察內心浮現的東西。前幾次這麼做的時候，也許不會有任何東西浮現……也許靈感會從你心底浮現。接納獨處帶給你的東西，記住這個過程有自己的節奏。不要抱任何期待，不要動腦，也不要加入你給當下處境編的「故事」，只需要覺知。那是靈魂的所在。

需要花多少時間獨處，完全取決於你的天性。對有些人來說，獨處幾天很輕鬆。對有些人來說，十五分鐘就足夠了。最重要的是，**獨處能幫你意識到內心的孤獨。**請記住，這段時間不是用來尋找解決方案的。為了你著想，請把習慣和偏好放在一邊，保持安靜。安靜下來的時候，你就能聽到心靈的指引，感受到心靈的慰藉，接受天地萬物給予你的支持。

選擇立場：當下的行為動機遵從內心

你對生活、世界和別人的看法，取決於你的立場。

布拉德和珍妮特終於不再為布拉德投資失敗而吵架了。珍妮特想出了解決家裡財務問題的辦法，但不幸的是，布拉德並不贊成。

「她想讓她的父母搬來跟我們一起住——你能相信嗎？」

「不是跟我們住在一起，布拉德，是住進樓下的套房。你建那個套房就是為了出租，還記得嗎？」

「跟他們住在同一個社區，我就已經受夠了！現在，你又想讓我跟他們住在同一個屋簷下？想都別想！」

「我父母說想跟我和外孫、外孫女住得近一點。」珍妮特解釋說，「財務上，這對我們真的很有幫助。況且，他們還願意幫孩子們付學費，送他們上私立學校。」

「他們現在的學校就滿好的。」布拉德反駁道，「不管怎麼說，私立學校適合那些勢利的富二代。」

「我上的就是私立學校。」珍妮特提醒他。

「顯然，不是所有的孩子都是勢利眼，可是——」

「好了。」我打斷了他們，「你們已經見我很多次了，知道爭吵解決不了任何問題。我猜你們大概已經試過真正的溝通了？」

「對，但我們似乎卡在這裡了。布拉德拒絕讓步。」

「布拉德拒絕讓步。」我重複了一遍。

「對，他有時候特別固執。」

「他特別固執。」

「你是想說，我才是那個固執的嗎？」

「我想說的是，也許你們都堅持自己的立場，而雙方的立場又差得太遠，導致你們看不到中點。中點是唯一一個你們不需做出妥協或犧牲就能走到的位置。」

「讓她的父母跟我們一起住，在我看來只可能是犧牲。」布拉德還在堅持。

「那在你看來，家裡破產沒錢又會怎麼樣？」珍妮特反駁道。

「看看，站在自己的立場上，你只能將對方視為自己不開心的成因。」我解釋說，「請想像一下，你會用這種方式看待對方，正是因為你現在的立場。」

「但如果我放棄我的立場，珍妮特就會得逞了，最終我就得跟惡魔似的老丈人、丈母娘一起住！」

「我再說一遍，布拉德，你會這麼看待她的父母，很有可能是因為你從自己的立場出發。問題不在於你看到的東西，而在於你是怎麼看的。據我猜測，你覺得自己很失敗，所以選擇了防衛的立場。**有防備心的人，會把別人都視為敵人或潛在的敵人。**所以，如果你的岳父岳母搬進來，他們會讓你每天都覺得自己很失敗。也許，你認為珍妮特也無法忍受你的失敗。只要你堅持自己的立場，珍妮特和她父母就是你的敵人。」

「呃，那珍妮特的立場是什麼？」布拉德問道——也許是為了把關注的焦點，從自己身上引開。

「我覺得很沒安全感。」她承認，「自從我們失去了存款，我就發現自己很沒安全感，無法信任別人。」

「我就知道你不信任我。」布拉德的嗓音裡混雜著勝利和苦澀。

「布拉德，我誰都不信，就連自己也不信。我不信任生命，也不信任這個世界……只有對爸爸媽媽，我才能稍微有點信任。抱歉。這不是你的錯，真的。我只是沒有安全感。」

「那麼，處於這個立場時，你是怎麼看待布拉德的？」我問道。

「呃……噢，老天啊，我不想說的！我想，我覺得他……令人失望。或者說是不怎麼可靠。」

「那麼，布拉德，珍妮特覺得你不可靠，因為這就是沒安全感的人對伴侶的看法。她覺得她父母是潛在的救星。」

「我才不是不可靠呢！」布拉德氣憤地大吼，眼淚奪眶而出，「我一直陪在你和孩子們身邊。我願意為你去死。」

「布拉德，不要拿她說的話，當堅持自己立場的藉口。」

「我只犯了一個錯，一個錯，現在她眼中能看到的只有失敗！」

「她眼中？」

「對，就是她。」布拉德強調說，不服氣地噘起嘴，瞪著我。我與他對視，一臉不置可否。突然，他哈哈大笑起來，笑聲頗有感染力，使得我和珍妮特也笑了起來。最後，笑聲低了下去，屋裡三個人都陷入了沉默。我等他們下定決心要往哪個方向走。

「我這輩子一遇到事，就會跑回爸爸媽媽身邊。」珍妮特詳細地解釋，「爸爸是我的英雄，能保護我免於任何傷害。媽媽是我的閨密，我有什麼煩惱都能告訴她。也許是時候開始靠自己了。我只是覺得自己很弱小、很無力，而且……很害怕。」

布拉德突然離開座位，站起身跪倒在妻子面前，握住她的雙手。「我覺得如果他們像你希望的那樣搬來住，就證明我還不夠好，照顧不了我的家人。」他說，「我這輩子都覺得自己很失敗。我試圖證明自己的價值，但不管我做什麼，總會回到同一個地方。」

珍妮特向前探出身體，兩個人緊緊地擁抱在一起，身體因為啜泣而顫抖。但很快，啜泣就化為大笑，兩個人鬆開擁抱，盯著對方的眼睛，為彼此擦去淚水。布拉德坐回了椅子上。「我想，當我開始覺得一切都是針對我的時候，就忘了什麼才是最重要的。」他終於收起笑容，「對我們這個家好，才是最重要的。如果這意味著讓他們搬進來，那我沒問題。」

「我不確定對我或者我們的婚姻來說，這麼做是最好的選擇，」珍妮特思索著，「我們得從各個角度出發，實實在在地考慮一下。」

「時間快到了，」我說，「但你們正在朝中點靠攏，所以……」

「沒關係，教練，」布拉德向我保證，「剩下的就交給我們吧。」

我想他們確實做到了。因為，那是我最後一次見到布拉德和珍妮特。

主題38：選擇立場

這個主題是為了告訴你，你對任何處境的反應都是基於當時的立場。發生衝突的時候，你的立場取決於自己的核心信念。為了保護自己，讓核心信念免受影響，你會選擇一定的立場。**如果你選擇了「某件事是錯的」這個立場，就會將問題視為敵人。如果你將某人或某種處境視為威脅，就是選擇了防衛立場。如果你將當前的處境，視為吸取教訓或得到教益的機會，就會以更加開放的心態應對。**

親密關係中很可能出現衝突，不管是長期存在的衝突，還是剛剛發生的衝突。針對出現的問題，你會根據自己的脾氣、性格和情緒成熟度選擇立場。最重要的是，要明白你選擇的立場只是眾多選項之一。正如祕魯裔美國作家卡洛斯．卡斯塔尼達所說，你選擇的任何道路都是上百萬條中的一條，沒有一條是與眾不同的，所以，**選擇道路最重要的一點是，你選這條路是不是真心的**。因此，請問問自己，你在這種處境下選擇的立場是不是真心的，因為只有你自己知道選擇某個特定立場的動機。如果你沒有追求和平，那你就沒遵從自己的內心，也就是說有東西比它更重要。如果你發現自己選擇的立場是真心的，那就可以靠著直覺的指引，對當下處境做出充滿愛意的睿智回應。用卡斯塔尼達的話來說就是：「一方面，毫無真心的道路絕不會令人愉快，就連選這條路也特別費力。另一方面，存在真心的道路很容易走，你無須費力就會喜歡它。」

如果你堅持的立場不是真心的，那它就沒有愛、沒有智慧，也沒有激情。那麼，到底是什麼讓你堅持這種冷酷無情的立場？

實用指南

1 觀察當前親密關係中出現的問題或挑戰，用自己的話描述一下，但不要超過兩句話：

(a) **問題（挑戰）是？**＿＿＿＿＿＿。

(b) **是什麼導致或滋養了這個問題（挑戰）？**＿＿＿＿＿＿。

（c）**誰該為此負責？**＿＿＿＿＿＿＿＿。

2 想像一下，從你內心的角度來看，雙方都是清白、無辜的，都根據自己的情緒成熟度和智力水準做到了最好。再想像一下，你的內心希望雙方都好好的，都能透過挑戰得到情緒和精神上的成長。

3 現在，請問問自己：「我有用真心看待這個問題嗎？」＿＿＿＿。

4 如果答案是否定的，那你可能沒有同時為雙方著想。這種態度會讓你更願意保持隔閡，雙方也就不可能達到和諧了。如果是這樣，請將第5步中的句子補充完整。

5 這個問題（挑戰）仍然存在，是因為我認為我的伴侶＿＿＿＿。

6 如果我聽從自己的心聲，它就會告訴我，事實上我的伴侶＿＿＿＿。

7 如果我問問自己「問題的真正目的是什麼」，我會說，這種處境是要教會我＿＿＿＿。

你可能會發現，伴侶的做法並沒有敵意，其實只是在渴求愛、理解和傾聽。或者，你可能會意識到，你的伴侶和當前的處境是在教會你信任、謙遜，或是給你上其他有意義的人生課程。有一件事是肯定的：**如果你堅持自己的觀點是正確的，那就永遠看不到，也學不到新東西**。一旦你準備好了放棄這種立場，它就會幫助你向自己發問：「對於這種情況，我的心會做出什麼樣的回應？」

下面列出了你可以遵循的基本原則，還有你可以回答的一些問題。在可能發生的衝突中，它們會幫你與自己內心的立場建立連結。

1 描述一下你和伴侶之間發生的問題或衝突。

2 你的伴侶看起來選擇了什麼立場？

3 你選擇了什麼立場？

4 你選擇的立場是真心願意選擇的嗎？它是否平和、睿智，表達出願意向伴侶靠近，或是跟伴侶在雙方立場的中點相遇？

5 請想像一下，你的伴侶在那番言語的背後，正在體驗某種舊日的傷痛，像是一無是處、慘遭拋棄、心碎或沮喪。你的心告訴你，你的伴侶體驗到了什麼？

6 請想像一下，你在自己的言語背後，正在體驗某種過去的感受，像是一無是處、慘遭拋棄、心碎或沮喪。你的心告訴你，你體驗到了什麼？

7 如果你堅持自己的立場，就無法對自己或伴侶的傷痛做出回應，還得費盡精力跟伴侶保持距離。你的心在促使你怎麼做？

臣服：接受問題本來的面貌

一切都會過去。——蘇非派（伊斯蘭神祕主義派別）諺語

「每次覺得不舒服的時候，我們都得去『經歷』嗎？」桑傑和蘇珊一起來參加我的工作坊，第二天早晨，桑傑就問我，「總是要體會這些感受，我真是快煩死了。」

「總是？」蘇珊挑釁似的問，「每個月一、兩次就是『總是』？」

「好吧，感覺很像『總是』嘛。」桑傑盯著地板嘟囔。有趣的是，如今他不再縮回沉默地帶，蘇珊在兩個人發生衝突時也沒那麼毒舌了。他們吵起來的時候，其實更像是鬧著玩。

「你覺得『去經歷』的哪個部分無聊？」我問。

「呃，你懂的，首先你得承認內在的痛苦或不適，找出它藏在你體內哪個部位，把注意力集中放在那種感覺上，把它看成是一種能量，進入能量形態的中心，直到你——」

「我得打斷你一下，桑傑。你認為『經歷』的目的是什麼？」

「呃，你懂的……讓我感覺好起來。擺脫痛苦，得到幸福。」

「你這學生當得可真不怎麼樣。」蘇珊故意開玩笑道，伸手去搔他癢。

「他說得不對嗎？」另一名學員羅伯特問道，引起其他小組成員眾說紛紜。

「我覺得是為了治癒。」

「不，是為了轉變信念。」

「不，是體驗真正的幸福！」

「等你擺脫痛苦了，不就會幸福了？」

「不再受苦，再也沒有痛苦。」

「你們說的都沒有錯！」

我任由大家交換意見，直到聲音愈來愈大，參與者自動分組，三五成群地討論起來。

「聽起來，你們很多人對『經歷』都有不同的理解，也是出於不同的目的。其實，誰也沒說錯。」大家都鼓起掌來，「那麼，桑傑，我問你的問題是：你覺得其中哪一點無聊？」

「我只是不想這麼麻煩，總是要體會我的感受，雖然每個月只有兩次！」他迅速補了一句，免得蘇珊再跳出來唱反調。

「沒有幾個人想要感到痛苦或不適。人們寧可否認它們、疏遠它們、忽視它們、與它們對抗，或者把它們變成一場鬧劇。問題出現後，我們會拒絕接受，但最終還是得面對。**人們之所以會為了某個問題苦苦掙扎，某些問題之所以會長期存在，是因為人們把問題以及隨之而來的不適感，變成了自己的敵人。**遇到重大問題的時候，你脫口而出的第一句會是什麼？」

「噢，不！」第三排的某個學員大喊。

「沒錯！有人結束了一天愉快的工作，回到家裡，看到伴侶一臉不高興，立刻脫口而出『噢，不』！」

「真掃興！」一個名叫麥可的學員主動發言，「我回到家，看到法蘭克一臉不高興，覺得整個晚上都毀了。」

「我只是感覺不太好。」法蘭克反酸道，「是你把它變成了一場鬧劇。」我等他們相互指責完畢，才輕聲提醒他們，把注意力放在桑傑引出的話題上。

「桑傑，你說的『經歷』只是一種工具，不同的人以不同的方式使用它，以達到不同的目的。我現在不用『經歷整個過程』來療癒、修復、改變自己或生活中的任何事，儘管我以前曾經這麼做。」

「那你現在『經歷這些』是為了什麼？」蘇珊問我。

「為了超脫。我不知道你能不能擺脫今生的痛苦，但完全有可能免於受煎熬。你有沒有聽過這個說法：『一切都會過去』？」

「聽過啊，這是一句古老的印度教諺語。」桑傑自豪地回答。

「才不是呢——是佛教諺語！」坐在他身後的一個女人爭辯道。

「這話是先知穆罕默德說的。」一名穆斯林男子告訴全組人。

「耶穌在他之前就說過。」有人一口咬定。

「呃……」我舉起雙手，讓大家冷靜下來，「不管這句話是誰說的，在我看來，它意味著問題和痛苦一樣，在我們的一生中會出現也會消失。它們到來，達到目的，然後消失。不管是所謂的『好東西』還是所謂的『壞東西』，沒有什麼能永遠持續下去。**拒絕問題或痛苦，只會創造出對它的依附。就連疏遠也會創造出敵對關係，因為疏遠是逃避，而不是超脫。**」

「你是說如果我擺脫了糟糕的感覺，它就會消失不見？」桑傑問。

「你給它貼上『糟糕』的標籤，其實已經就是在妄加評判。這意味著，在它出現之前，你就在拒絕它。也就是說，你已經對它產生依附了。大致的情況你已經知道了。一切事物的出現和消失，都有自己的時機和目的，至少在我看來是這樣的。我可以接受發生的事，也可以拒絕它，把它變成我的敵人。」

「但有些事顯然是錯的！」麥可還在嘴硬，「人們在挨餓，孩子在——」

「這裡是親密關係工作坊，」我提醒他，「在這個工作坊裡，我無法解決全世界的問題。抱歉，麥可。我聽見你說的了，也明白你在說什麼，但除非這些事跟你和法蘭克有關，否則我無法回答。」

「好吧，」麥可點點頭，在椅子上坐得筆直，「法蘭克想跟別人上床，我不希望他這麼做。」

「所以，法蘭克是錯的？」我問。

「只要我們還在一起，他這麼想就是錯的！如果我接受他的想法，就像你說的那樣，他就會得償所願，我就必須受罪！」

「你沒必要跟他待在一起。但如果你這麼做了，又無法接受他是那種想要『腳踏兩條船』的人，那你就有罪受了。」

「但這不公平啊！」

「沒錯。這是不公平，但人生就是這樣。」

「那麼，你覺得我應該接受他，忍受他在外頭鬼混？」

「我不會用『應該』這個詞。如果你想在這段關係中體驗到和諧與心流，那就要考慮一下接受現實，接受他本來的面貌。桑拿房很熱，我走進桑拿房，就會感受到高溫。如果我不想感受高溫，就沒必要留下。但如果我留下了，又因為桑拿房太熱而發脾氣，那就……我認為，在那種情況下，我會受不必要的罪。只要是寄居在人類的身體裡，就會有痛苦，生活和親密關係中就會出現問題。**你無法選擇自己的痛苦或問題，但總是可以選擇臣服。**」

我們接著討論了一會。最後，麥可轉身對他的伴侶說：「法蘭克，」他宣布，「這麼說我真的很痛苦，但我試著接受你是那種想跟別人上床的人。我也想接受自己是那種喜歡一對一關係的人。所以，我不會試著阻止你，但也不會留下來，任由我的另一半到外面鬼混。」

「我覺得你在用感情威脅我。」法蘭克抱怨說。

「老實說，這不是威脅。人都是本性難改的，我不想下半輩子都受罪。我真的、真的很想學會接受你本來的面貌——也接受我自己本來的面貌。」

「我不想失去麥可，」法蘭克轉身對我說，「但我也不能違背自己的本性。我跟別人上床，只是為了尋找不同的體驗。可是我也喜歡結婚的感覺。」

「我對婚姻的看法可不是這樣。」麥可說，仍然顯得很放鬆、很平靜，「我明白你想要什麼，但我不是那種人。想到我們可能會分開，我很難過。但我能接受，真的。」

「哎呀！」桑傑評論道，「跟他們比起來，總是要體會自己的感受，實在不算什麼事。我真不好意思！」

「別擔心，親愛的。」蘇珊拍了拍他的膝蓋，安慰他，「一切都會過去的。」

「教練，你要怎麼解決這個問題呢？」布拉德開玩笑似的問。

「不管你信不信，」我回答說，「這種事自然而然會解決的。法蘭克，麥可剛才表達了他的意願，說打算接受你本來的面貌。他不會再試著改變你了，他也接受了你們可能離婚。你對此有什麼回應？」

「呃，如果麥可離開了，我可能無法活下去。但我也沒辦法放棄我的生活方式……我也不知該怎麼解決這個矛盾。」

看著並肩坐在一起的兩個人，小組裡每個成員都看得出，誰在忍受煎熬、誰在享受臣服帶來的平靜。

主題39：臣服

問題既會出現也會消失。用指責和批評加以應對，只會讓問題愈滾愈大，讓你愈來愈不舒服。我選擇這個主題，是為了在你的親密關係出現問題，你又不能或不願接受它本來的面貌時，為你提供支持。在這種情況下，你很想證明當前情況和（或）你的伴侶是「錯」的。最重大的問題涉及金錢、性生活、孩子、雙方父母或溝通，但其他問題（比如生活習慣、行為和外表）也可能讓你感到不適。無論問題是什麼，不願意接受它的存在，只會使問題複雜化，讓你和伴侶產生隔閡，使你遠離內心的平靜。

實用指南

擺脫問題的第一步，就是接受它本來的面貌。既然抵抗是一種基於恐懼的反應，那麼抵抗問題只會誇大它的威脅，讓你覺得問題太大，而自己太弱小。**臣服能讓你擺脫受害者認知，從強者的角度看待問題。**

臣服並不是壓抑自己的沮喪、挫敗或評判，也不是伴隨妥協而來的自暴自棄。如果你不喜歡伴侶的行為方式，就得意識到，這種行為為自己帶來了不適感，包括生氣、發飆的衝動。**臣服能幫你退後一步，客觀地觀察這些體驗，提醒自己「這種感覺會過去的」。**

抵抗或反應過度，不會帶來你想要的結果。只有接受問題本來的面貌，你才能將它視為漫漫人生路中的一個階段，學會在平靜、理解等方面得到成長。一旦你敞開心扉，接受處境本來的面貌，提醒自己「一切都會過去的」，它就會變成一股強大的助力，使你免受當前狀況帶來的痛苦，消除你和伴侶之間的隔閡。以下步驟是關於臣服的指南：

1 一旦你發現自己出現憤怒或其他情緒反應，就將意識轉為從外向內看，就像退回屋子裡，把雙眼當作觀察外界的視窗。如果可以，你也能邁開腿並後退幾步，這麼做會對你有所幫助。

2 想像一下你的憤怒、防備感、「我永遠是對的」的念頭，形成一層厚厚的盔甲。當你說出「一切都會過去」的時候，想像盔甲在你身上融化。

3 繼續觀察情況，關注自己想要跳到外面、為衝突而糾結的衝動。

4 意識到你內心的感受，你的心在說「比起這麼苦苦掙扎，我更喜歡平靜」。

5 當你觀察外界的情況時，也要注意自己脆弱的一面，以及內心的感受和傷痛。如果你願意，也可以表達出來，或者繼續傾聽伴侶訴說。盡量放鬆下來，深入體會那些感受（不管這麼做有多不舒服）向你脆弱的一面臣服。這麼做的過程中，你可能會發現還有很多層盔甲，那些也會過去的。

6 你的伴侶可能會將你的臣服視為退縮。然而，如果你發自內心地表達感受，向可能出現的任何情況臣服，平靜與連結最終會占上風。

第四階段：啟示

理解親密關係的啟示階段。它會引導人們走出「親密關係的牢籠」，用接納、覺知、欣賞的態度去生活。

寬恕：無辜之人不會責怪別人

寬恕是人類最大的思維陷阱。

英格和艾瑞克個子都很高，高得嚇人。艾瑞克現年六十五歲，英格現年五十八歲，雪膚金髮顯露了他們的斯堪地那維亞血統。兩個人生於瑞典瑪爾摩的同一個街區，上了同一所小學。他們十幾歲的時候，父母移民到了加拿大。然而，兩個人直到三十出頭，才發現他們在同一家工程公司上班，此前從未見過面。

「那麼，你們今天想聊點什麼？」我問。

「我和英格結婚二十五年了，」艾瑞克解釋說，「我們一直過得滿不錯——至少我是這麼認為的。但她懷上我們的第一個孩子，在家裡安胎的時候，我跟辦公室的一個女人有過短暫的婚外情。那段關係只維持了四個月——」

「是六個月。」英格一口咬定。

「是四個月。」艾瑞克還是堅持，「但我轉到另一個部門後，那個女人不願接受我們的關係結束了。她總是打電話給我、在我的桌子上留便條。我大概把其中一張便條塞進了口袋，結果被英格發現了。那時，我們的關係已經結束了，但英格還是會把那兩個月算進去。」

「那是多久以前的事了？」

「二十多年前。有幾年真的很艱難，英格說想離開我。她無法忍受背叛，但透過婚姻諮商，我們還是克服了困難。等到第二個孩子出生的時候，我們的關係已經滿好了，是真的。但出於某些原因，這件事總會冒出來。每年都會冒出來好幾次。每次我們大吵一架，她都會提起這件事。」

「我只是放不下，」英格承認，「它毀了我所有的夢想……我對美滿婚姻的所有期待。我知道那件事已經過去了，我應該放下的，但每隔一段時間，他做的某件事，就會勾起我對那時的回憶，讓我想起自己當時有多崩潰。」

「什麼樣的事會變成導火線？」我問。

「哦，有時候我看見他在電腦上看A片，要不就是泳裝模特兒或是類似的東西。我其實不介意A片——有時候自己也會看，但看見他這麼做就不行。記憶會像洪水般滾滾而來。我也不知道我能不能真的原諒他。我覺得如果能原諒他，我就會更愛他。」

「我想知道，原諒對你來說意味著什麼——對你們兩個人來說？」

「我只想拋開對他的憤怒，明白他只是犯了人都會犯的錯，理解是什麼讓他選擇這麼做的，然後……放下。」

「對我來說，」艾瑞克說，「原諒就是跟另一個人換位思考，體會他的感受，意識到我們是一樣的。我們都是人，都免不了會犯錯。如果英格處於我當時的位置，跟我有同樣的感受，也會做同樣的事。但英格永遠沒法理解我當時的體會——」

「對，我那時候太忙了，忙著懷你的孩子。」

「你們為此找過別的諮商師，對吧？」我故意岔開話題，免得他們吵起來。

「這麼多年來，我們找過六個諮商師，還拜訪了幾位牧師——雖然我們信的是路德教派，對告解什麼的並不怎麼感興趣。」艾瑞克答道。

「英格，你有很多次試著原諒艾瑞克？」

「是的。有時候，我以為我總算做到了，可是……」

「我懂的，」我感同身受，「幾個星期或幾個月後，回憶又會湧上來。」

「沒錯。」

「好吧，我不想說些你們已經知道的事。說實話，我覺得寬恕是個被人高估的概念——就像個掛得高高的誘餌。」我的回覆似乎讓他們很驚訝，但我還是繼續往下說，「英格，我可以舉出很多你不肯原諒他的理由，還有很多他不肯原諒你的理由。」

「我不需要原諒她，」艾瑞克反駁，「她又沒出去亂搞。」

「至少你沒發現。」英格酸言酸語地回應，見丈夫一臉震驚，我不禁露出了微笑，「開玩笑的啦。」

「**寬恕與痛苦和罪惡感緊密相連**，」我繼續說道，「當人們受創傷的時候，通常會責怪身邊的人。如果他們能拿出證據，證明指責有道理——艾瑞克，就像英格指責你搞外遇一樣，那麼對方就要為他們的痛苦負責。現在，你很有罪惡感，只有她能原諒你，讓你不再有罪惡感。在我看來，這很像一場權力鬥爭。」他們再次露出震驚的表情。英格看起來像被冒犯了一樣，但我繼續往下說。

「根據你對寬恕的看法，我們來看一看，所謂的理想情況下會發生什麼事吧。英格會這麼說：『艾瑞克，我原諒你搞外遇了，很抱歉這些年我一直在折磨你。』艾瑞克會說：『英格，很抱歉我背著你搞外遇，我原諒你為此生氣，也原諒你對我說的那些難聽的話。』然後，一切都會結束。」

「這有什麼問題？」艾瑞克問，「在我聽起來很完美啊。」英格也點頭表示贊同。

「你是說，你們結婚這麼久，從來都沒對彼此說過這種話？」兩個人開口想要否認，但突然停了下來，扭頭彼此對視，臉上寫滿疑惑。

「呃……」英格猶豫不決地說，「不是字字句句都一樣，但可能說過類似的……」

「五年前，聖誕節的時候，」艾瑞克承認，「我們決定把寬恕當禮物送給對方。」

「這份禮物持續了多久？」

「持續到了新年。」英格輕聲發笑，開玩笑似的拍了丈夫的胳膊一巴掌。艾瑞克面露微笑，然後也咯咯地笑了起來。

「讓我為你們重溫一下這件事，但從另一個角度來看——請記住，這並不完全準確。英格待在家裡，懷著孩子，感覺自己無足輕重。也許她覺得一個人待在家裡很孤單，也許她覺得自己很沒吸引力，或者因為沒上班覺得自己很沒用……不管怎麼說，這種感覺確實存在，深深地埋在心底。艾瑞克在上班，同樣感覺自己無足輕重。突然之間，有個女人開始關注他，這讓艾瑞克興奮起來，這也許滿足了他的虛榮心，或者讓他感到強壯有力。於是，他就這麼上鉤了。

「時間一天天過去，艾瑞克開始產生罪惡感。他跟另一個女人在一起的時候，覺得自己舉足輕重，但罪惡感掩蓋了這種感覺。於是，他跟那個女人一刀兩斷，後來意外地在口袋裡留了一張便條紙被英格發現了。英格的無足輕重感進一步強化，感覺自己一無是處。為了保護自己免受衝擊，她發火了。身為法官兼陪審團，她胸口燃燒著正義的怒火，將自己的痛苦和罪惡感投向目標——艾瑞克。懲罰他並不一定能讓她感覺好起來，但總比孤單一人被無足輕重的感覺淹沒要好。艾瑞克在一定程度上，承受了妻子的怒火，但也在暗中批評妻子，以此為自己辯護：『英格應該更理解我的。她應該明白，我為了這段婚姻終止了婚外情。她不該那麼刻薄，那麼惡毒……』」

「我完全有理由感到受了傷害，遭人背叛！」英格一口咬定。

「至少我沒暗中批評英格！」艾瑞克大聲宣布。他們把我描述的情景駁了個體無完膚，直到二十分鐘後，我才有機會開口。

「那麼，你從來沒覺得英格是反應過度，或者把一件小事記了那麼久，實在是太小家子氣了？」我問，「你從來沒覺得她自怨自艾，或是為人刻薄、報復心強？」

「才沒有呢，」艾瑞克還在堅持，「我一直都……我是說……」他肯定是用眼角的餘光瞥見了英格在微笑，「我們來之前，你跟他聊過嗎？」他轉過身質問妻子，用的是責怪的語氣。

「大多數人所說的『寬恕』存在一個問題，那就是它的前身是批評和指責。**我們之所以會批評、指責，是因為不想面對無足輕重、被人拋棄或心碎的感覺。但只有當我們明白，自己會有這些感覺不是別人的錯，才能原諒對方造成的傷害。**」

「你是說，他搞外遇沒錯？」英格憤怒地質問。

「我不會探討誰對誰錯。我說的是，你感覺很糟糕。也許你感覺被人拋棄、無足輕重，卻沒有意識到這一點。直到你看見那張便條紙，聽見艾瑞克坦白，才意識到自己感覺糟透了。隨後，你因為自己孤單、寂寞、無足輕重而指責艾瑞克，這樣你就不需要面對那些感受了。如果你希望我支持你批評艾瑞克，那你來這裡就不是為了寬恕，不是嗎？」

「可你說寬恕是不存在的。」艾瑞克指出。

「起碼我聽你們說的絕對不是寬恕。」我點頭稱是，「但確實有比它更有效的東西。況且，」我補了一句，「不用再花二十年看它是不是有效。」

「那是什麼？」他們異口同聲地發問。

「情緒成年。」我回答，「也就是成長。」

主題40：寬恕

這個主題顯示，你可能會因為相信伴侶傷害了你就責怪他。你可能沒有意識到：**首先，只有當你期望別人滿足你的需求時，你才會受到傷害，既然沒有人能滿足你的需求，那麼你實際上是在傷害自己；其次，當你責怪別人的時候，你是在體會自己的罪惡感，試圖把它拋向對方。**也許你甚至沒意識到自己有罪惡感，因為它通常藏在意識無法觸及的地方。換句話說，在你意識到自己感覺糟糕之前，防衛機制已經自動發揮作用，把罪惡感拋給別人，讓你免受罪惡感帶來的懲罰。你甚至不需要對指責伴侶做的那件事有罪惡感，你的主要目標只是擺脫罪惡感。然而，你實際上做的是把伴侶視為敵人，指責他故意傷害你，以此消除自己糟糕的感覺。當你對親人、愛人發起攻擊時，又怎麼可能感覺良好？因此，你的罪惡感會不斷增加。請記住一句真知灼見：無辜之人不會責怪別人，有罪之人才會妄加指責。

實用指南

認真審視你責怪伴侶做的某件事，完成以下步驟：

1 我責怪我的伴侶＿＿＿＿（描述他做了什麼、沒做什麼或說了什麼惹你生氣）。

2 我真正有罪惡感的是＿＿＿＿（我不夠好、失敗了、不夠強大、不夠聰明、不夠成功等）。

3 從＿＿＿＿歲開始，我就懷有罪惡感，抱有這種信念（全憑直覺回答，因為你可能不記得這種罪惡感和信念第一次出現是什麼時候了）。

選項A：我明白上述步驟的意思，但仍然責怪伴侶讓我感到不適。我還沒有準備好原諒他。

選項B：我審視內心的時候，發現罪惡感停駐在我的＿＿＿＿部位（具體描述罪惡感停駐在身體的哪個部位，把手放在那個部位上）。

- 此時此刻，你可以充分發揮直覺或想像力，在這個部位看到或感覺到罪惡感的色彩。請注意這種不適感已經存在了多久，你對它有多熟悉。
- 充分放鬆，進入這種色彩的核心，將它想像成一種能量形態，讓意識滲透進它的中心。
- 認真觀察能量形態的中心，透過外觀看本質。保持放鬆，進入中心，直到觸及平靜、喜樂、充滿愛意的靈性存在。
- 從這種平靜、充滿愛意的體驗出發，邀請伴侶的形象進入你的內心，歡迎他分享你靈魂中清白無辜的一面。感謝他作為催化劑，幫助你不斷成長，擺脫責難和罪惡感。此時此刻，真的沒有什麼是需要原諒的。

讚賞：內心深處湧現的認可

你很容易低估伴侶的價值，但絕不可能高估。

我剛離開辦公室，穿過走廊，電梯門突然開了。蘇珊走了出來，桑傑緊緊跟在後面。我走到他們面前，蘇珊微微一笑，遞給我一個小禮品袋。

「謝謝！」我吃了一驚，「為什麼呀？」

「因為你就是你。」蘇珊答道。我往袋子裡瞄了一眼，看見一個長方形的黑盒子，跟眼鏡盒差不多大。我掏出來打開，驚訝地發現裡面是一支漂亮的鋼筆，一看就價值不菲。

「是萬寶龍的？哇，謝謝啊！只是因為我就是我？」我有些疑惑地問。

「我和桑傑正在練習讚賞這門藝術。」她解釋說：「我們三個星期前，參加了一個奇妙的工作坊——」

「對，」桑傑微笑著補了一句，「比你的工作坊好多了！」

「哎喲！」我開玩笑地說，但其實心裡還是酸酸的。

「不是比你的好，只是不一樣，」蘇珊安慰我，「它講的是讚賞的力量。我們一直在練習，效果真的很棒！我是說，有時候我剛要對他發火，就馬上停下來，意識到我在憤怒之外對他的讚賞。噗！怒火就煙消雲散了。真是太奇妙了！」

「我覺得他明白你有多吃驚了，蘇。」桑傑故意調侃她，「話說回來，前兩天，我們聊了起來，意識到了你給予我們的饋贈。我們愈是讚賞你，就愈能意識到從你那裡學了多少東西，又有多少運用在了實際生活中。讚賞工作坊給我們真正的禮物是，讓我們意識到你不再是我們的老師了。蘇珊除了是我的伴侶和鏡子，還是我的老師。我想，我也成了她的老師。」我驚訝萬分，一時間竟說不出話來。

「這一點並不是很容易意識到。」桑傑承認，「經過這麼多年的拒絕和批評，我們還是不記得我們彼此讚賞時會感覺更平靜。我擺脫了一直以來看待蘇珊的方式，就像我看透了她的心。不是用眼睛去看——就像工作坊主持人說的，讚賞不是一種感官體驗，而是更直觀的。不用眼睛就能看透別人，真是太奇妙了。生活看起來是那麼豐富、圓滿……還有……」

「奇妙？」我猜測。他們都哈哈大笑。「呃，我真為你們高興——是真的。謝謝你們的鋼筆，我真的很感謝。我更感謝你們兩位！」我們一起搭電梯下樓，走出大廈，走進溫暖的春夜，最後一次揮手道別。我步行回家，默默感謝與我擦肩而過的每個人。

主題41：讚賞

隨著回應能力和成熟度不斷提升，你會發現，**伴侶就是你的老師，在幫你走向情緒成年和真正的幸福。**他擁有引導你成長所需的一切天賦和工具。不過，這並不是說你的伴侶比你高出一等。事實上，他和你是平等的。如果你有意識地讚賞他們展現的所有天賦，就會在自己身上發現同樣的特質。

這個主題，鼓勵你積極給予伴侶他應得的讚賞。當你有意識地這麼做的時候，指責和批評就會從你的生活中消失，你也就不會將對方的付出視為理所當然。隨著你不斷成長，逐漸意識到伴侶真實的模樣，你心中會充滿活力！

實用指南

下面的練習會幫你做出調整，讓你對伴侶無限讚賞——即使你現在還沒意識到對方的好。讚賞並不侷限於感謝他為你做的所有好事。它比這深刻得多，遠遠超出個人特徵層面，深入對方獨特的本性，你甚至可以從靈性的角度，看待你的伴侶。

1 想一想做你的靈性、情緒和親密關係老師，需要哪些特質和天賦，將它們逐一列出。下面就是這樣一份清單。刪除你不贊同的選項，增添你覺得缺少的內容：

智慧	**洞見**	**質樸**
同情	**智力**	**耐心**
理解	**接納**	**讚賞**
幽默	**誠實**	**溫和**
堅毅	____	____
____	____	____

2 現在，選擇清單中的第一項。閉上眼睛，想像你的伴侶站在你面前，你看見他的這種特質。即使你只能在他身上看到一小部分，也要大為讚賞。感受你內心深處湧現的認可，體會能證明你伴侶擁有這種特質的證據。

3 從清單中選擇另一種特質，然後重複第2步。以此類推，逐個選擇你想看到的特質和天賦。

如果你想更加深入，那就退回第1步，用「真正的伴侶」、「愛人」、「靈性的存在」

等詞語，替代「靈性、情緒和親密關係老師」。如果你想獲得更豐富的體驗，也可以選擇適當的時機，直接向伴侶表達你的讚賞之情。隨著你對他的讚賞不斷增加，你們的關係也會變得愈來愈牢固，讓你意識到自己是多麼幸運。

如果你在練習中遇到了困難，這並不是因為你的伴侶缺少什麼。很可能是走向讚賞的過程，開啟了內心昔日的恐懼、傷痛或怨恨。當開始看見伴侶真正的過人之處時，你就會敞開心扉，接受生命中方方面面的愛，包括一度只能看見痛苦或悲傷的往事。透過這個讚賞練習，你能窺見伴侶的本質，讓他向你展示通往愛的大門。

起始：黎明前總是最黑暗的

「我認為這是一段美好友誼的起始。」——經典電影《北非諜影》，1942年

又過了一個星期，艾瑞克和英格來見我的時候，還在為了寬恕這個問題而掙扎。英格堅持認為自己的痛苦是艾瑞克造成的。艾瑞克表示贊同，覺得自己是罪有應得，應該受到指責。

「英格，如果你不怪艾瑞克了，會發生什麼事呢？」我突然問道。

「什麼？呃，我很樂意這麼做，可是——」

「我懂，但我不是要你這麼做。我只是問你，如果你不怪他了，你會有什麼感覺？」

「我也不知道。我怎麼知道啊？」

「呃，憑直覺說說看，或者瞎猜猜嘛。老天啊，亂編也行。」我催她。

「我得想想看。」

「好的。艾瑞克，如果她不怪你了，你覺得你會有什麼感覺？」

「自由——我瞎猜的。」他輕聲回答，我注意到他臉色蒼白，看起來疲憊不堪，不知道是因為得了流感，還是其他什麼病，「她每次提起這個話題的時候，我不會再那麼防備了。但留下她一個人受苦，似乎不怎麼公平。」

「沒錯！」英格大聲說，「如果我不怪他了，就會留下我一個人心碎。他就自由了，可以再背叛我。」

「哇，你們說的這些夠再做十幾次諮詢了！」我大聲說，聯想了情緒融合、愚忠、報復、操縱、犧牲等話題，「但也許我們只需要做這一次就行。看看在這場無止境的戰鬥中，你們沒做過什麼吧！你們沒有面對自己。英格從來沒有直面她的痛苦，或者無足輕重、被人拋棄的感覺。她一直把注意力放在『艾瑞克怎麼背叛了我』這件事情上。艾瑞克從來沒有直面他的痛苦和罪惡感，或者說是一無是處的感覺，而把注意力放在了『我是個大壞蛋，應該受到懲罰』這件事情上。」兩個人一臉不悅，似乎受了冒犯。不過，時間是關鍵因素，所以我接著往下說。

「也許我可以換一種比較溫和委婉的方式來說，」我說，「但我剛才講的非常重要。我不知道你們是不是還想再花二十年來逃避。」

「我們才沒逃避呢。」英格提出抗議，像是準備起身離開，「我們來這裡就是想解決問題。」

「老實說，英格，你來這裡似乎只是想聊聊他的外遇。但如果你轉身離開，就會發現自己站在一個黑漆漆的隧道口。你可以稱它為『起始的隧道』。」

「什麼的起始？」艾瑞克發問，輕輕扯住妻子的胳膊。

「想要知道答案，你們就得走到隧道的盡頭。從你們現在所處的位置看，那可能是『終結的隧道』。想要走進隧道，你們就得拋開自己編的故事。」

「我說過，外遇才不是編的故事！」英格掙脫丈夫的手，「啪」的一下站起身，氣呼呼地衝了出去，門都沒顧得關上。艾瑞克緩緩起身，過去關上門，然後走回來，重重地坐回椅子上。

「我不能再這樣過二十年了。我連三年都熬不過去了。」他悲傷地說。

「癌症嗎？」我問。

「跟我說說那個隧道吧。」他回答。

「一般情況下，婚姻中的危機有可能澈底改變人的一生。人生的一部分會畫上句號，全新的道路則會在眼前展開。人生中所有問題都會帶來同樣的機遇，重大危機則是巨大的機遇。」

「我要怎麼樣才能走進隧道？該從哪裡做起？」艾瑞克問。

「答案其實很簡單——**走向你的痛苦。**」

「你說這個簡單？」

「答案是簡單，但不容易做到。英格會成為你的鏡子，反映出你的無能、失敗、無力和其他許多痛苦的信念。有的時候，她會陪著你，跟你一起痛苦。有的時候，她會顯得比較冷漠、疏遠。那些時候，她就在扮演老師的角色，向你展示超脫的過程是很孤獨的——就像死亡一樣。」

「那你為什麼叫它『起始的隧道』？」

「因為每邁出一步，你都可以重生。**每邁出一步，你都會清醒地意識到人生的意義，意識到自己究竟是誰。每邁出一步，你們的關係都可以重新開始，擁有全新的目標和規劃。**但事實上，它的規劃一直是完美無缺的。」

主題42：起始

這個主題顯示，你的「本質」或「靈魂」能夠邁出新的一步，這一步可以成為親密關係新階段的起始。它有時候會被視為全新的起點，或是由這種無形力量的恩典引導的轉變。它也暗示著，你們關係中的艱難時期即將結束，你原以為是高牆的地方，敞開了一扇全新的大門。

新起點通常會在巨大的困難、挑戰或危機之後出現。此時此刻，你也許還處於不適期。請牢記這一點，這也許對你有所幫助。不過，「黎明前總是最黑暗的」，如果你聽從內心的指引，朝光芒萬丈的日出的方向前行，就會看見前方有什麼樣的新機遇在等著你。

也許你當初走進目前這段關係，是因為相信它會滿足你對受重視和歸屬感的需求。也許你認為這才是走進任何一段親密關係的真正理由。如果是這樣，是時候反思你和伴侶在一起的真正目標了。**親密關係的目標是弄清「你是誰」和「真愛是什麼」**。不要把伴侶視為應該滿足你需求的人，或是你已經漸漸習慣的另一半。你可以將他視為你的老師、鏡子和搭檔，他能幫助你在靈性和情緒成熟度上不斷成長。

現在，你已經獲得了寶貴的機會，可以消弭關於「完美關係」的幻想，意識到目前的關係無論是目的還是規劃都很完美。它的目的是向你發起挑戰，讓你超越限制和恐懼，想起自己本來的面貌。

實用指南

為了體驗親密關係的新起點，請將下列句子補充完整。在空白處填寫你腦海中浮現的第一個詞，描述你對伴侶的某種看法：

1 當我帶著批判眼光看待伴侶時，傾向於認為他______。我還覺得他______、______、______、______、______。

2 當我用積極、正面的眼光看待伴侶時，傾向於認為他＿＿＿＿。我還覺得他＿＿＿＿、＿＿＿＿、＿＿＿＿、＿＿＿＿。

3 如果我將伴侶視為靈性的存在，以及我的老師、搭檔和鏡子，就會開始意識到他＿＿＿＿、＿＿＿＿、＿＿＿＿、＿＿＿＿的特質（你也可以在下列詞語中做選擇：智慧、力量、愛、直覺、智力、風趣、幽默、理解、同情、洞悉、平和、喜樂、無害、耐心、創意）。

4 如果我選擇進入真正的伴侶關係，就會將伴侶視為我的老師、搭檔和鏡子，反映我內心的歷程。如果我不想要真正的伴侶關係，也不想將伴侶視為老師、搭檔和鏡子，就會繼續感受到＿＿＿＿。

滿足：當給予和接受達到平衡

讓愛所規劃的目的自然顯現。

「……每邁出一步，你們的關係都可以重新開始，擁有全新的目標和規劃。但事實上，它的規劃一直是完美無缺的。」說完這段話後，我和艾瑞克都沉默了一陣子。他似乎比英格奪門而出之前放鬆了不少。

「你懂的，」他說，「我內心深處一直明白，不管我們的關係多麼不好，背後一定有某種力量在引導。某位高超的設計師為我們的婚姻做了完美規劃。但我一直不明白，這名設計師為什麼給我們的生活帶來了這麼多痛苦。我的意思是，痛苦哪裡完美了？為什麼他設計讓我搞了外遇，然後在接下來的二十年裡為此付出代價。他為什麼要這麼做？」

「他？」我問道。

「難道是『她』？」艾瑞克反問。

「我更喜歡稱之為『有條理的智慧』，這個說法是我剛想出來的。」

「你是說，那不是個人——而是件東西？」

「我們喜歡給這種創世力量賦予人性，為它選擇性別，加入人性特徵。」我解釋說，「然後，我們就會問為什麼。他為什麼這麼做？他為什麼那麼做？他為什麼不換種方式？就像你想知道，為什麼你跟英格無法克服你所謂的『錯誤』。」

「你是說，那不是個錯誤？那你會怎麼稱呼它？」

「我會稱它為『一件事』。」我聳了聳肩，「問『為什麼』根本於事無補。**『為什麼』只是個走不出去的迴圈。**」

「但是，說我做了『一件事』似乎太不近人情了，也太……」

「沒人性？」我提議，「我明白你的意思。只要是人都會搞砸，然後為此受責怪、受批評、受譴責，花一輩子的時間試圖彌補，想為不可饒恕的行為求得原諒。犯錯和受罰是所有人都逃不過的。艾瑞克，英格不是被你做的事傷到的，而是被自己的人性傷到的。她覺得自己受重視的需求沒有得到滿足，這讓她感到巨大的痛苦。她拒絕感到痛苦，這就導致了憤怒、責怪和批評。正是『拒絕』這種行為讓她一直備受折磨。她既想做又不想做一件她本性上做不到的事——也就是原諒你。這又加劇了她的痛苦。」

「呃，我們的確是搞砸了。」艾瑞克總結道，「這種人性之旅還會持續下去，直到我們死的那一天。」

「我想跟你分享一下我第一次嘗到『真正的滿足』時的情形。其實很簡單：我坐在某個地方的某張椅子上，突然意識到我不僅是一個單純的人類存在，還是一個正在經歷人類體驗的人。不管我是什麼，它正在暫時體驗你們所說的這場『人性之旅』。」

「這怎麼能讓你感到滿足呢？」艾瑞克很好奇。

「呃，它打破了一個為我的婚姻帶來很多挫折的大障礙。不管是為人父還是為人夫，我總是在兩種自我認知之間跳來跳去：我給予的不夠，獲得的也不夠。當我成為新紀元運動的信徒後，就把『獲得』這個詞改成了『接受』。我開始相信，也許我之所以感到不滿足，是因為沒有把全部身心奉獻給妻兒──如果我致力於給予，就會感到更滿足。」

「結果你發現了什麼？」艾瑞克問。我們的諮詢時間已經到了，但後面沒有安排其他人，所以我沒有理會時鐘。

「我發現我的『本我』始終處於施與受的恆定狀態，一直處於滿足的狀態。那種給予不是物理層面上的，甚至也不是情感層面上的，因為它不侷限於人的時空。人的本性和設計都存在侷限，所以永遠達不到澈底的滿意或真正的滿足。但是，你不僅僅是人。」

「我覺得英格還沒準備好。」艾瑞克評論道，「況且，我覺得如果用這種方式看待我們的關係，很像是我拋棄了她。如果只把外遇看成『一件事』，似乎有點太冷酷無情了。」

「這是邁出了很大一步。」我表示贊同，「你會發現自己站在兩個世界的夾縫中：你的人性，會試圖把你拖進對過去的無限懊悔和對未來的無盡焦慮之中。但另外一個更微弱的聲音會提醒你關注當下。」

「那英格呢？」

「她會跟你一起站在門邊——雖然她可能還沒意識到這一點。但如果你心中充滿罪惡感，就永遠看不到她的真實模樣。」就在這時，英格緩緩地推開門，踟躕不前地站在門邊，看起來既害羞又尷尬，都不敢抬頭看我們。艾瑞克站起身，我也站起來，友好地跟他碰拳道別。

「謝謝，」他說，「這次諮詢讓我很滿足。」

主題43：滿足

這個主題讓你有機會深入思考一個重要問題：**你在親密關係中有沒有感受過滿足？**也就是說，你有沒有在某一時刻感到心滿意足？如果有，當時你和伴侶在做什麼、說什麼或分享什麼，讓你意識到自己如此滿足？如果你從來沒有感到心滿意足，那麼你的親密關係中少了哪些元素？要是存在這些元素，你就會感到滿足。如果你認為缺少的元素，是你伴侶的責任心——他必須為你做某些事，或是必須為你提供某些東西——你感到滿足的機會就會極其渺茫。

滿足不是靜止不變的，而是一個動態過程。**只有「給予」和「接受」達到平衡，雙方沒有任何區別才會滿足。你給予伴侶什麼，就會收穫什麼；從伴侶那裡得到什麼，就會回**

報對方什麼。如果你能擺脫自己有意無意地強加給伴侶的需求和期望，就會發現這種「給予」和「接受」的循環，才是你最想體驗的。事實上，從你呱呱墜地的那一天起，這種滿足的幻影，就一直藏在你內心深處。這也是你在各類親密關係中，最自然的處事方式。只有百分之百的給予，才能有百分之百的回報。在這種百分之百「給予」和百分之百「接受」的過程中，我們才會感受到無上的滿足。

實用指南

下面是一個非常簡單的練習，每天只需要練習幾分鐘，其中涉及想像、肢體語言和創意。

1 閉上雙眼，原地站好，想像你的伴侶站在你面前。

2 想像你在等他展示對你的愛意、讚賞和珍視。不是想像伴侶給予你任何東西，而是想像他以客觀、中立的姿勢站在那兒，同時體察自己的期望和需求。至少堅持三十秒。

3 關注你身體和情緒上的感受。你會說自己體驗到了百分之幾的滿足？____%

4 接著，邁出一大步：再次閉上雙眼，擺出客觀、中立的表情，想像你的伴侶站在你面前。這一次，讚賞你的伴侶。從內心深處感覺到你對伴侶真實模樣的感激、愛意和敬畏，感受從中爆發的能量。意識到他是一種充滿愛意、智慧和喜樂的靈性存在，只是寄居在人類的身體裡。聚精會神地觀察自己內心湧出的讚賞的能量。至少堅持三十秒。

5 關注你此時此刻身體和情緒上的感受。跟前一次想像的時候比起來，你是不是感到更滿足了？如果是這樣，可能是因為等待別人滿足自己的需求時，你是不可能感到滿足的。不過，如果你把注意力放在「給予」上，而不考慮回報，就會感到滿足。關鍵在於，是「給予」讓你滿足的。試圖從別人那裡得到什麼，只會讓你深感空虛、難以滿足。

給予和接受是完全相同的體驗。如果你在等待伴侶給予你什麼，實際上就是對伴侶抱以期望。因此，你收到的只會是你的期望。**如果你給予對方愛，就會從對方那裡收到愛。這就是得到滿足的祕訣。**

靈魂伴侶：先與自己的本質建立夥伴關係

伴侶能成為通往真理的路標。

「我原諒你！」我站在敞開的大門請兩個人進來時，英格開玩笑似的說。他們跨過門檻的時候，我跟英格和艾瑞克分別碰拳問好，然後關上門。大家剛在各自的座位上坐下，英格就開口了。

「這對我來說真的很難。」她承認，「有好幾個星期，我對你比對艾瑞克還生氣。相信我，我是真的很生艾瑞克的氣。所以，你能想像我對你的感覺了。我知道，在我事先點頭的情況下，他給你打過幾次電話。」她說得沒錯。艾瑞克在過去三個星期，做過好幾次緊急電話諮詢，我指導他走了幾次過程，面對他的罪惡感和一無是處感，還教他怎麼在沒有外人指導的情況下「經歷」整個過程。

「英格，對你來說最難的是什麼？」

「我覺得最難的是接受這一點：伴侶做的任何事都對我有好處，或者從某個角度來看能讓我受益——不管那件事讓我感覺多痛苦。」

「你上學的時候，所有老師的態度都很和氣嗎？」我問她，「有沒有特別嚴厲的？」

「當然有！馬爾默市的大多數老師都很嚴厲——我來美國以後也遇見過不少嚴師。」

「你喜歡他們的嚴厲嗎？」

她忍不住打斷了我：「我明白你在說什麼。」她的語氣中帶著一絲指責，「婚姻中痛苦的經歷都是給我上的課。」

「沒錯，你不需要喜歡它們，也能從中受益，甚至是感激它們。」

「感激它們？」她大聲驚呼。

「呃，剛開始可能會咬牙切齒，」我承認，「不過，是的，感激它們。不然，你怎麼能看見丈夫的真實模樣，還有他出現在你人生中是為了什麼？」

「你是說，除了是個被欺負的對象之外？」艾瑞克開玩笑地說。

「這一點都不好笑，艾瑞克。」英格語帶責備。

「就可憐可憐一個不久於人世的傢伙吧。」他佯裝懇求。

「真的不好笑！」這一次，她的憤怒中帶著悲傷。艾瑞克輕輕拍了拍她的手，表示歉意。

「我不知道你們在一起的時間還剩多少，」我用溫和的語氣說，「但我知道，你們現在擁有某些東西，而且還會一直擁有下去，直到嚥下最後一口氣。為什麼還要花時間試圖維持某種『特殊關係』，只關注滿足自己對受重視、歸屬感、力量感和安全感的無限需求？為什麼不把單純的相互關係，變成支持『真實的你』？為什麼不成為真正意義上的『靈魂伴侶』呢？」

主題44：靈魂伴侶

這個主題是為了提醒你，親密關係的目的是弄清楚你到底是誰。當你打從心底意識到這一點的時候，你的伴侶就會成為一扇門。透過這扇門，你可以發現自己真實的本性和人生的意義。然後，你們將建立起一種全新的關係。在這種關係中，雙方致力於相互扶持，以自己獨特的方式感受幸福。**「做對雙方來說最好的事」的承諾，會取代彼此的需求和期望**。現在，你關注的是讓伴侶不斷地成長，賦予對方「想做什麼就做什麼」的自由，相信生活會給你們帶來最好的機遇。在這個過程中，你與自己的靈魂攜手合作，與自己的本質建立了夥伴關係。在那之後，你的另一半，將真正成為你的靈魂伴侶。

實用指南

完成以下步驟。這個練習大概要花五分鐘。

1 你也許不知道該怎樣用語言描述自己的本質，但你內心深知，自己比你想像的強得多。因此，請記住以下兩點：**(1)你的本質是靈性、喜樂、平和、充滿愛意的，擁有無窮無盡的優點；(2)你內心渴望瞭解並表達自己作為靈性存在的特質**。換句話說，你想知道你是誰、你的目的是什麼、你來到人間是為了給予這個世界什麼。

2 接下來，記住你的人生規劃沒有任何意外，你身邊發生的每件事都是命運使然，是為了幫你瞭解並實現人生目的。

3 如果第1步和第2步的說法沒錯——只有你的內心能證明這一點，那麼你的伴侶就是你人生目的的一部分！他做的每件事、說的每句話，都是為了支持你實現靈魂的目的——即使當時你並不喜歡他這麼做。你的另一半將永遠是你的靈魂伴侶！只要你將親密關係中的每件事，都視為人生目的的一部分，你就會看到，即使是在很不舒服的情況下，伴侶也總是站在你身邊。

4 牢記上述說法，閉上雙眼，向前邁十年。想像那個時候你們關係的狀態，意識到伴侶是你人生目的的一部分。具體想像你和這位「靈魂伴侶」是怎麼互動的。想像你們彼此溝通、分享親密瞬間，互相開玩笑的方式。感受你們之間流淌的愛意，不受任何期望、規矩或自我犧牲的束縛。如果可以，請大聲說出你看見的情形，以保持注意力高度集中，或者一睜眼就把你看到的東西寫下來。

5 打從心底說出你覺得自己看到的東西是否真實。它能為你帶來平靜與滿足嗎？如果答案是肯定的，請想像讓你的內心守護這種幻象。親密關係中出現困難和危機時，這個幻象會為你提供動力。現在，你和伴侶已經是一支不可戰勝的隊伍了！如果出現困難，你想要防衛或逃避，請提醒自己：「這種境遇是我人生目的的一部分，伴侶的做法也是我人生目的的一部分。」幻象發出的熠熠光芒將幫你得到超脫。

優先順序：什麼被你排在人生第一位？

當你優先考慮真相時，愛與幸福就會隨之而來。

「為什麼不成為真正意義上的『靈魂伴侶』呢？」

事實上，我並不是很喜歡「靈魂伴侶」這個說法。它被用來代表各種浪漫化的靈性關係，我擔心自己想說的東西，會跟他們的理念發生衝突。不過，我對很多詞語都有同樣的感覺，比如真相、幸福、滿足、真愛、真正的伴侶關係、平和、啟迪、覺醒等。詞語太有侷限性了。

「好吧，我想我準備好了。」英格毅然決然地大聲宣布，「但那只是因為你不久於人世了。」

「這一點都不好笑，英格。」艾瑞克故作嚴肅地回應，微笑著捏了捏妻子的手。

「我真的很想做到這一點——弄清楚我們婚姻的真正目的，然後付諸實踐。」她說話時仍然望著丈夫，「但我真的很怕會被自己的痛苦和憤怒沖昏頭腦。我試過阻止自己，你知道吧？我拚命禱告，試圖原諒你，試著理性地與自己對話，分析我為什麼無法放下……我試過想像，還有各種療癒方式……肯定是我哪裡有毛病。」

「你做這些事的目的是什麼？」我問道。英格轉過身來看著我。

「我想要……我也不知道，我不想要痛苦。我恨自己這麼慘兮兮的，再也不想感到那種恨意。我也不知道，大概只是想平靜下來，還有美滿的婚姻？我真的不知道自己想要什麼。」

「也許是時候弄清楚你的優先順序了。」我提議，「要做到這一點，你就得弄清『針對個人』和『真正重要』之間的區別。」

「有什麼差別呢？」艾瑞克問，「我會覺得某件事是針對我的，因為它確實很重要。當我們覺得某件事是針對自己的時候，就會特別認真地對待——也就會覺得它更加重要。」

英格把你搞外遇看成是針對她的。她感覺受到了背叛、侮辱、羞辱……也許還有貶低……拋棄……她可能感受到了一大堆情緒，受盡了折磨。在這個過程中，她一直沒能看到真正重要的東西。」

我轉身看著英格。「你一直沒有看到這種可能性——你可以獲得寶貴的教訓或成長機會。那是因為，你的優先考慮是自己的需求，對受重視、力量感、歸屬感和安全感的需求。這些需求是你性格的基石。」

「那我還能怎麼做？我又沒有更好的辦法！」她反駁說。

「你可以把我說的牢牢記住，或者從中汲取經驗。**真相一向對事不對人，它不會批判、評估、指責或原諒。**這些事都是你的『自尊』做的，給你帶來了持續終生的痛苦折磨。針對個人的是過去和未來，重要的則是當下。」

「這聽起來滿不錯的，」英格表示，「那我怎麼才能停下來，別再覺得一切都是針對我的？我不過是個普通人啊。」

「親愛的，你錯過了上次諮詢的這個部分。」艾瑞克告訴妻子，仍然握著她的手。

「好吧，我今天來了。我該怎麼才能停下來，別再覺得一切都是針對我的？」

「你可以把這句話裡的『停下來』換成『開始』。你們可能會繼續被對方惹怒——舊習慣是很難改掉的。但時不時地，你們之中的一個，會意識到自己的做法。這個人會結束爭吵，暫時獨處，向自己提出一個重要問題：**到底什麼才是最重要的？是保護自己、操縱伴侶，還是邁向情緒成年，想起自己到底是誰，弄清真相？**」

「呃……」英格陷入了沉思，「不管怎麼說，我可以開始這麼做。我知道，至少我可以試試看。畢竟，我們剩下的時間不多了。」她轉身看著丈夫，臉上滿是深情和讚賞。

「我們的時間夠用了。」艾瑞克向她保證。

事實上，我認為他們沒有時間——只有很多當下。

主題45：優先順序

這個主題讓你審視人生中的優先事項。你的體驗取決於你的優先順序，你的優先順序則取決於你認為需要什麼東西才能得到幸福、成功、充實和安全。當你認為外物能帶給自己充實的內心體驗時，一切都會分崩離析。如果你認為自己必須達到某種財務狀況，才能感覺良好，那麼無論你的伴侶有多優秀，雙方的關係都無法讓你滿意。如果你認為伴侶必須以某種方式滿足你，控制對方就會成為你最重要的事，而更有可能令人滿足的愛與接納，則會變成第二重要。如果你與伴侶長期發生衝突，而你的優先事項是控制對方，那麼幸福永遠只能排第二位。你的體驗與你的優先順序息息相關。那麼，你在當前關係中的體驗，表明你的優先考慮是什麼？

事實證明，以下這種排序比較理想。真相排在第一位，問題排在最後。

(1) 真相（愛、真正的幸福等）。

(2) 親密關係。

(3) 問題。

你選擇優先考慮真相的時候，就是選擇了真正重要的東西，而不是個人的需求、恐懼、傷痛或罪惡感。你的頭腦會專注於思考怎麼做對雙方都有好處。內心的關注焦點，會影響你在親密關係中的行為和回應。然後，源於愛意的回應，會影響你處理問題的方式，最終得出和平的解決方案。

實用指南

選擇關係中陷入困境或「停滯不前」的那個領域，尤其是已經持續一段時間或者不斷重現的問題，完成下列步驟。為了弄清楚你優先考慮的是什麼，你可以從下面做出選擇。

1 當你審視境況時，請將下面這句話補充完整：「在這種情況下，我最重要的目標是＿＿＿＿＿＿。」

一貫正確　保護自己　證明我的重要性

控制我的伴侶　獲勝　尋找妥協

感覺強大有力　不要感覺糟糕　讓我的伴侶產生罪惡感

2 填入最恰當的詞語後，請將下面這句話補充完整：「我打心底覺得真正重要的是＿＿＿＿＿＿。」

幸福、快樂	**不用設防**	**愛**
欣賞我的伴侶	**雙贏**	**真正的平靜**
彼此心意相通	**看見伴侶的本質**	**接受真實的自己**

3 找到描述你真正優先考慮的詞語後，請將下面這句話補充完整：「現在，我已經明確了自己真正的優先考慮，我會走近我的伴侶，說出＿＿＿＿＿＿＿＿。」

你寫下的那句話也許只是個開場白。請從你真正的優先事項出發，與伴侶展開真正的溝通。無論你的伴侶怎麼回應，都請牢記你最想要的是什麼。你的一言一行會受到相應的指引。只有情緒成年的人，才能始終如一地相信內心的優先順序。我們這些正在朝情緒成年邁進的人，則需要對自己更有耐心一點，因為我們有時會忘記心聲，被自身需求和基於恐懼的優先事項牽著鼻子走。不過，真心一定會是最終的贏家！

致意

本書提到的來訪者均為虛構，是我多年來遇見的來訪者和工作坊成員的混合體。所有對話都是我憑記憶記錄的，細節並不準確，但核心內容保持不變。每當我寫下你們之中某個人對我說的某句話，腦海中就會浮現出這個人的身影，心裡就會充滿感激。與大家無論是在專業、還是私人關係上的交往，都大大豐富了我的生命。正如蘇珊和桑傑所說，我欣賞你們本來的面貌。

致謝

我衷心感謝以下人士對本書的貢獻：

孟禪在編輯上的卓越表現。

Ruth and David Schnarch 博士：感謝他們幫助我看到用故事和幽默作為有效教學機制的價值。

Chuck Spezzano 博士：感謝他與我的友誼，以及在關係過程與動力方面，對我提供無私的諮詢。

素梅、孟禪和孟明：感謝他們確保我言行一致，以及在我實踐過程中伴隨而來的歡笑和眼淚。

國家圖書館預行編目資料

親密關係 II 實作篇:活出情緒成年，從破碎到完整的情感必修課/克里斯多福．孟（Christopher Moon）著;王岑卉譯. -- 初版. -- 臺北市：寶瓶文化事業股份有限公司, 2025.3　面；　公分. -- (Vision ; 270)
譯自：The Relationship Guidebook
ISBN 978-986-406-461-8(平裝)
1.CST: 兩性關係 2.CST: 戀愛心理學

544.7　　114000871

Vision 270

親密關係II 實作篇

——活出情緒成年，從破碎到完整的情感必修課

作者／克里斯多福．孟（Christopher Moon）
譯者／王岑卉

發行人／張寶琴
社長兼總編輯／朱亞君
副總編輯／張純玲
主編／丁慧瑋
編輯／林婕伃．李祉萱
美術主編／林慧雯
校對／李祉萱．劉素芬．陳佩伶
營銷部主任／林歆婕　業務專員／林裕翔　企劃專員／顏靖玟
財務／莊玉萍
出版者／寶瓶文化事業股份有限公司
地址／台北市110信義區基隆路一段180號8樓
電話／(02)27494988　傳真／(02)27495072
郵政劃撥／19446403　寶瓶文化事業股份有限公司
印刷廠／世和印製企業有限公司
總經銷／大和書報圖書股份有限公司　電話／(02)89902588
地址／新北市新莊區五工五路2號　傳真／(02)22997900
E-mail／aquarius@udngroup.com

法律顧問／理律法律事務所陳長文律師、蔣大中律師
如有破損或裝訂錯誤，請寄回本公司更換
著作完成日期／二〇一八年七月
初版一刷日期／二〇二五年
初版二刷日期／二〇二五年三月六日
ISBN／978-986-406-461-8
定價／四六〇元

寶瓶文化·愛書人卡

感謝您熱心的為我們填寫，對您的意見，我們會認真的加以參考，
希望寶瓶文化推出的每一本書，都能得到您的肯定與永遠的支持。

系列：Vision 270　書名：親密關係II 實作篇——活出情緒成年，從破碎到完整的情感必修課

1. 姓名：＿＿＿＿＿＿＿＿＿＿ 性別：□男　□女
2. 生日：＿＿年＿＿月＿＿日
3. 教育程度：□大學以上　□大學　□專科　□高中、高職　□高中職以下
4. 職業：＿＿＿＿＿＿＿＿＿＿
5. 聯絡地址：＿＿＿＿＿＿＿＿＿＿

   聯絡電話：＿＿＿＿＿＿＿＿＿＿
6. E-mail信箱：＿＿＿＿＿＿＿＿＿＿

   □同意　□不同意　免費獲得寶瓶文化叢書訊息
7. 購買日期：＿＿年＿＿月＿＿日
8. 您得知本書的管道：□報紙／雜誌　□電視／電台　□親友介紹　□逛書店

   □網路　□傳單／海報　□廣告　□瓶中書電子報　□其他
9. 您在哪裡買到本書：□書店，店名＿＿＿＿＿＿＿＿＿＿

   □劃撥　□現場活動　□贈書

   □網路購書，網站名稱：＿＿＿＿＿＿＿＿＿＿　□其他
10. 對本書的建議：＿＿＿＿＿＿＿＿＿＿
11. 希望我們未來出版哪一類的書籍：＿＿＿＿＿＿＿＿＿＿

（請沿此虛線剪下）

亦可用線上表單。

廣　告　回　函
北區郵政管理局登記
證北台字15345號
免貼郵票

寶瓶文化事業股份有限公司　收

110台北市信義區基隆路一段180號8樓

8F,180 KEELUNG RD.,SEC.1,

TAIPEI.(110)TAIWAN R.O.C.

（請沿虛線對折後寄回，或傳真至02-27495072。謝謝）